HISTÓRIAS E CULTURAS INDÍGENAS NA EDUCAÇÃO BÁSICA

COLEÇÃO **PRÁTICAS DOCENTES**

Giovani José da Silva
Anna Maria Ribeiro F. M. da Costa

HISTÓRIAS E CULTURAS INDÍGENAS NA EDUCAÇÃO BÁSICA

1ª reimpressão

autêntica

Copyright © 2018 Giovani José da Silva e Anna Maria Ribeiro F. M. da Costa

Todos os direitos reservados pela Autêntica Editora Ltda. Nenhuma parte desta publicação poderá ser reproduzida, seja por meios mecânicos, eletrônicos, seja via cópia xerográfica, sem a autorização prévia da Editora.

COORDENAÇÃO EDITORIAL DA
COLEÇÃO PRÁTICAS DOCENTES
Maria Eliza Linhares Borges

CONSELHO EDITORIAL
Ana Rocha dos Santos (UFS)
Celso Favaretto (USP)
Juarez Dayrell (UFMG)
Kazumi Munakata (PUC-SP)

EDITORAS RESPONSÁVEIS
Rejane Dias
Cecília Martins

REVISÃO
Lívia Martins

PROJETO GRÁFICO DE CAPA E MIOLO
Diogo Droschi

CAPA
Alberto Bittencourt (sobre desenho Iny, origem do povo Karajá, *de Loyuá Ribeiro Fernandes Moreira da Costa)*

Dados Internacionais de Catalogação na Publicação (CIP)
(Câmara Brasileira do Livro, SP, Brasil)

Silva, Giovani José da
   Histórias e culturas indígenas na Educação Básica / Giovani José da Silva e Anna Maria Ribeiro F. M. da Costa. -- 1.ed.; 1. reimp. -- Belo Horizonte : Autêntica Editora, 2023. -- (Coleção Práticas Docentes)

   Bibliografia.
   ISBN 978-85-513-0324-5

   1. Educação básica 2. Povos indígenas - Brasil - Cultura - Estudo e ensino 3. Povos indígenas - Brasil - História - Estudo e ensino 4. Prática de ensino 5. Professores - Formação I. Costa, Anna Maria Ribeiro F. M. da. II. Título. III. Série.

18-12718   CDD-370.71

Índices para catálogo sistemático:
1. Histórias e culturas indígenas : Prática de ensino : Educação 370.71

GRUPO **AUTÊNTICA**

Belo Horizonte
Rua Carlos Turner, 420
Silveira . 31140-520 .
Belo Horizonte . MG
Tel.: (55 31) 3465 4500

São Paulo
Av. Paulista, 2.073, Conjunto Nacional
Horsa I . Sala 309 . Bela Vista
01311-940 . São Paulo . SP
Tel.: (55 11) 3034 4468

www.grupoautentica.com.br
SAC: atendimentoleitor@grupoautentica.com.br

APRESENTAÇÃO..07

CAPÍTULO 1

DIVERSIDADE CULTURAL INDÍGENA NO BRASIL CONTEMPORÂNEO:
QUEM SÃO? QUANTOS SÃO? ONDE ESTÃO?......................................11

CAPÍTULO 2

CULTURA MATERIAL E CULTURA IMATERIAL: SABERES
INDÍGENAS NAS ALDEIAS E NAS SALAS DE AULA 37

CAPÍTULO 3

A LEI N.º 11.645/2008 E A INSERÇÃO DA TEMÁTICA
INDÍGENA NA EDUCAÇÃO BÁSICA...67

CAPÍTULO 4

DIREITOS INDÍGENAS: UM PERCURSO PELAS CONSTITUIÇÕES
BRASILEIRAS REPUBLICANAS (1891-1988) 101

CAPÍTULO 5

CINEMA, TELEVISÃO E LITERATURA: NOVAS LINGUAGENS
NO ENSINO DE HISTÓRIAS E CULTURAS INDÍGENAS 115

E PARA (NÃO) ENCERRAR O ASSUNTO..................................147

APRESENTAÇÃO

Nos últimos anos, assistimos ao surgimento de novas disciplinas acadêmicas nas universidades e faculdades do Brasil, dentre elas, destacamos aquelas relacionadas ao ensino de História da África e de História Indígena. Tal inovação foi regulamentada em 2008 pela Lei n.º 11.645, que tornou obrigatório o ensino de histórias e culturas indígenas na Educação Básica brasileira, resultado, por sua vez, de uma alteração de parte da Lei de Diretrizes e Bases da Educação Nacional (LDBEN) de 1996. Desde então, muitos têm investido na produção de materiais capazes de sintetizar a pluralidade e a trajetória histórica de etnias e culturas indígenas no passado e no presente de nosso país. Em que pese tal esforço, ainda são grandes as carências nessas áreas, sobretudo no que diz respeito à temática indígena na escola básica.

Este livro se propõe a auxiliar no processo de formação continuada de professores da Educação Básica. A intenção maior é oferecer-lhes condições de trabalhar nas salas de aula, de acordo com os avanços das pesquisas historiográficas das últimas décadas.

A experiência dos autores com a temática indígena é fruto de anos de trabalhos pedagógicos realizados em escolas localizadas em áreas indígenas do Mato Grosso (Nambikuara) e Mato Grosso do Sul (Atikum, Guató, Kadiwéu, Kinikinau, Ofayé e Terena), além da elaboração de artigos, capítulos de livros e outras obras relacionadas ao assunto.

Desejamos que as questões por nós abordadas contribuam de forma positiva para incentivar reflexões e discussões sobre os grupos humanos que, desde a chegada dos europeus ao continente americano, a partir do final do século XV, impactaram profundamente a vida das comunidades indígenas.

Ao longo do tempo, a histórica presença indígena nas Américas foi propositalmente ignorada, por vezes considerada um "estorvo ao progresso", além de ser tida como de menor importância na formação de países como o Brasil. Muitos alunos da Educação Básica ainda não fazem ideia do que ocorreu às populações indígenas nos séculos que se seguiram à chegada dos primeiros europeus, pois vários livros didáticos se referem a elas apenas como parte do "cenário do descobrimento". Essa situação requer mudanças e, por isso mesmo, propomos este livro, estruturado em cinco capítulos.

O Capítulo 1, "Diversidade cultural indígena no Brasil contemporâneo: Quem são? Quantos são? Onde estão?", inicia-se com uma discussão sobre o termo "índio", comumente usado para designar os habitantes da América pré-colombiana. Como se verá adiante, tal termo é hoje considerado insuficiente para abranger a complexidade da diversidade histórica e cultural dos povos indígenas. Na sequência, o capítulo disponibiliza dados de instituições governamentais e não governamentais sobre quem são, quantos são e onde estão os indígenas no Brasil contemporâneo. A junção de uma questão de natureza reflexiva e outra informativa em um mesmo capítulo não é aleatória. Nossa intenção é, em primeiro lugar, convidar os professores a (re)pensarem as consequências daquilo que nos parece óbvio: o uso do termo "índio" para se referir à complexidade do viver de povos dotados de grande riqueza cultural. Com os dados hoje disponíveis, objetivamos municiar os professores de informações dispersas, nem sempre disponíveis, para que suas aulas e trabalhos com os alunos possam adquirir mais conteúdo e, portanto, tornarem-se mais envolventes e atrativas.

O Capítulo 2, "Cultura material e cultura imaterial: saberes indígenas nas aldeias e nas salas de aula", discorre sobre a dinâmica cultural que percorre o cotidiano das sociedades indígenas, bem como o sentido de dar, trocar e receber entre seus membros. A casa, espaço do descanso, do trabalho e do ritual, é apresentada sob os aspectos da vida social da aldeia e dos saberes relativos às culturas material e imaterial indígenas. Esse capítulo visa a, fundamentalmente, levar até a sala de aula um pouco do cotidiano das aldeias indígenas, em suma, dos valores material e simbólico das tarefas executadas no dia a dia pelas comunidades por nós destacadas. Ao ler essas páginas, o professor terá à sua disposição informações que tornarão a vida das comunidades indígenas mais próximas de seu público-alvo: os estudantes da Escola Básica.

O Capítulo 3, "A Lei n.º 11.645/2008 e a inserção da temática indígena na Educação Básica", discute a obrigatoriedade do estudo de histórias e culturas das populações indígenas (e também das afro-brasileiras e africanas) nos Ensinos Fundamental e Médio, de escolas públicas e particulares do país. Nosso intuito é que os alunos possam construir saberes referentes à presença de sociedades indígenas que atualmente habitam o território americano, em especial, o brasileiro, eliminando ideias preconceituosas e atitudes discriminatórias contra negros, indígenas e outros grupos étnicos. O instrumento legal que determina o estudo de história e culturas indígenas, ainda que não seja a única solução para pôr fim à invisibilidade das populações indígenas, possibilita, sem dúvida, um reconhecimento de uma sociedade historicamente pluricultural, um passo importante para a construção da cidadania.

No quarto capítulo, "Direitos indígenas: um percurso pelas Constituições brasileiras republicanas (1891-1988)", apresentamos como os direitos indígenas foram configurados pelos legisladores republicanos ao longo do tempo e como as leis influenciaram na forma de os índios serem tratados pelo Estado brasileiro e representados pela sociedade. Ainda que se saiba que as leis, por si só, não modificam o comportamento das pessoas, cremos ser importante que os professores conheçam o que nossas Cartas Magnas promulgadas no período republicano disseram a respeito dos indígenas, tratados como "silvícolas" até 1967!

O quinto e último capítulo, intitulado "Cinema, televisão e literatura: novas linguagens no ensino de histórias e culturas indígenas", tem por objetivo apresentar possibilidades de usos de três recursos (cinema, televisão e literatura) nos trabalhos pedagógicos relativos às histórias e culturas indígenas. Sem pretendermos esgotar tais possibilidades, oferecemos sugestões de filmes, programas de televisão e narrativas literárias que podem ser utilizados nas escolas, problematizando a temática e auxiliando na compreensão da histórica presença indígena no Brasil e nas Américas. Estes e outros recursos (teatro, música, imprensa, etc.) ajudam professores e alunos a uma aproximação mais atraente e envolvente, sem esquecermos da necessidade de problematização das ideias, representações e estereótipos veiculados em filmes, livros e programas de TV.

Na conclusão geral, procuramos entrelaçar os assuntos tratados ao longo dos capítulos, abordando quatro momentos da história do Brasil que mostram o quanto ainda temos a caminhar em direção a uma sociedade justa e democrática, e como a educação é importante neste processo. Em "E para (não) encerrar o assunto...", propomos que a "Cultura de Paz" não seja apenas um *slogan* politicamente correto, mas que esteja na mente e nos corações de professores e alunos, dos pais de alunos e de todos os que participam da comunidade escolar.

Cabe destacar que *Histórias e culturas indígenas na Educação Básica* não pretende ser a última palavra sobre o assunto em questão, pois visa a contribuir para que a temática indígena saia dos círculos acadêmicos especializados e ganhe força e espaço dentro e fora das salas de aula das escolas do país. Assim, acreditamos estar não apenas cumprindo a lei, mas garantindo uma formação cidadã mais completa e rica aos professores dos anos finais do Ensino Fundamental que educam crianças e jovens do Brasil.

Os autores

CAPÍTULO 1

DIVERSIDADE CULTURAL INDÍGENA NO BRASIL CONTEMPORÂNEO: QUEM SÃO? QUANTOS SÃO? ONDE ESTÃO?

Introdução

É difícil precisar o significado da palavra "índio", uma vez que esse termo foi criado pelos colonizadores europeus e se perpetuou ao longo do tempo. Outros termos já foram ou ainda são utilizados para designar esses indivíduos como, por exemplo, "aborígenes", "silvícolas", "selvagens" ou "nativos". Contudo, não nos parece profícuo adotar uma postura politicamente correta e banir das escolas termos como "descobrimento" ou mesmo "índios", substituindo-os por outras palavras que, frequentemente, introduzem novos equívocos. Mais interessante é incorporar perspectivas teóricas e metodológicas de diferentes disciplinas – Antropologia, Arqueologia, Geografia, História e Linguística, entre outras –, a fim de produzir uma visão mais completa e complexa dos processos que resultaram no que conhecemos na atualidade como "povos", "sociedades", "comunidades" ou "grupos" indígenas.

Por ser generalizante, o termo "índio", usado para designar todo habitante das Américas antes da chegada dos europeus, não dá conta de abranger sua complexidade e diversidade, mesmo que existam algumas semelhanças em seus modos de viver. O termo é insuficiente para demonstrar as enormes diferenças que existem entre os povos indígenas, com identidades próprias e distintas crenças e tecnologias, além de formas únicas de viver e representar a vida. Por isso, pode-se verificar em alguns estudos o emprego dos termos "sociedade" ou "povo" para designar uma coletividade indígena.

"Indígena" é um termo derivado da língua latina (*indigena, -ae*). Significa "nascido em casa", assim como aborígene (*ab origine*), ou "pessoa original". Sabemos que "índio" deriva de um erro histórico produzido pelos primeiros conquistadores europeus, notadamente Cristóvão Colombo e seus homens, que pensavam ter chegado às Índias, no continente asiático. Os navegadores a serviço da Coroa Portuguesa também usaram o termo "índio" para nomear os nativos das terras que receberam o nome de "América", a partir de 1507. Assim, mesmo depois de perceberem que se encontravam em terras diferentes daquelas que buscavam, dando a alcunha de "Novo Mundo" ao continente americano, os europeus continuaram a utilizar o termo "índio" para nomear os habitantes encontrados. Os "selvagens" da América falavam línguas estranhas aos ouvidos portugueses, bem como tinham comportamentos e modos de vida muito distintos do que então era considerado "civilizado".

Outras denominações foram usadas durante o período colonial para se referir às populações indígenas: "gentios da terra", "pagãos" e, até mesmo, "negros da terra". Esta expressão em particular, recuperada nas pesquisas do historiador John Manuel Monteiro, era a forma como se nomeavam os indígenas escravizados. Todos esses termos podem e devem ser questionados e os alunos convidados a conhecer e debater sobre os nomes que se dão às pessoas e às coisas, ao longo do tempo, em um exercício de reflexão histórica. As próprias populações indígenas incorporaram ao seu vocabulário contemporâneo termos como "cultura", "tradição" e "índios", este último especialmente quando diferentes etnias se reúnem para lutar por direitos que muitas vezes não são respeitados. Os não indígenas, inclusive, procuram desqualificar essas lutas, desconsiderando as trajetórias históricas de tais populações e afirmando que no Brasil, por exemplo, não existem mais índios, aqueles "dos tempos de Cabral", que "andavam nus ou de tangas", "falavam estranho", etc.

Na América de colonização espanhola o termo "índio", dependendo do país, tem uma conotação pejorativa. Na Bolívia, os termos *campesino* e *pueblo originario* servem para distinguir indígenas de não indígenas. Nesse país, que conta com um presidente de origem Aymara,

Evo Morales, o termo "índio" se refere exclusivamente àquele que vive na selva, um *salvaje*. Já nos Estados Unidos, de colonizações inglesa e francesa, utilizam-se as expressões *native people* (povo nativo) ou *indigenous people* (povo indígena) para se referir, de forma genérica, aos diferentes grupos indígenas que existem naquele país. Como se vê, há diferentes formas na contemporaneidade de nos referirmos às populações indígenas, e isso vai depender de onde se fala, de quem e com quem se fala.

Propositalmente, não utilizamos o termo "tribo" neste livro, especialmente "Por sua imprecisão, por sua plasticidade altamente manipulável [...]" (RAMOS, 1988, p. 10) e, por essa razão, tratar-se de um vocábulo bastante problemático. Em outras palavras, o termo "tribo" sobreviveu na linguagem cotidiana escondendo o desejo de se apagar as diferenças, quando atualmente o que as populações indígenas querem é justamente o contrário: que cada grupo seja conhecido e reconhecido não mais como um conjunto de "índios genéricos", mas como coletividades específicas que se percebem distintas de outras e que assim são percebidas pelas demais sociedades, indígenas e não indígenas. Dessa forma, os grupos desejam ser conhecidos e reconhecidos como Atikum, Bororo, Kayapó, Pataxó, etc.

Quem são os indígenas no Brasil: a diversidade do autorreconhecimento e as dificuldades do reconhecimento pelo Outro

Antes de respondermos à questão "quem são os indígenas?", faz-se necessária uma rápida abordagem sobre a presença indígena no continente americano. Na investigação dos eventos pré-coloniais, estudos de diferentes áreas do conhecimento buscam inúmeros vestígios arqueológicos e paleontológicos deixados pelas culturas antigas, numa tentativa de reconstrução do passado, responsáveis por teorias que explicam a ocupação humana pretérita em solo americano. Pesquisas atuais voltadas às manifestações culturais de diferentes populações do passado em distintas áreas do conhecimento – Arqueologia, Etnologia,

Genética, Linguística, Toponímia, entre outras – possibilitam, a partir de semelhanças e diferenças, a difícil tarefa de reconstituição de tempos remotos.

Sobre a chegada do homem às Américas e os caminhos percorridos existem teorias variadas, mas todas confluem para o entendimento de que o americano não é originário do próprio continente. Sua presença neste continente se deu por mais de uma rota migratória, ocorridas em tempos e espaços diferentes. São elas:

1. **Teoria do Estreito de Bering**: em 1590, José de Acosta, jesuíta e cronista castelhano, sustentou a teoria de que os povos hoje conhecidos como nativos americanos carregavam a descendência de coletores e caçadores vindos da Ásia por caminhos terrestres, mais precisamente da região compreendida entre a Sibéria e o Alasca. Nos dias de hoje, essa localidade é denominada Estreito de Bering, antiga Beríngia, também conhecida como "Ponte Terrestre", formada entre 40.000 e 13.000 anos passados, quando o nível do mar se fez mais baixo nas glaciações. Ao atravessarem a Beríngia, as levas migratórias seguiram rumo ao sul e os primeiros ameríndios, grupos de caçadores-coletores de origem asiática, foram ocupando gradativamente todo o continente;

2. **Teoria Transoceânica ou Malaio-Polinésia**: indica um caminho migratório percorrido entre cerca de 10.000 e 4.000 anos atrás, em que remadores habitantes da Polinésia, na Oceania, atingiram a América do Sul, navegando de ilha em ilha em pequenas embarcações conduzidas por correntes marítimas. Com argumentos linguísticos e antropológicos, Paul Rivet, principal defensor dessa teoria, publicada em 1943, não negava a passagem do homem pelo Estreito de Bering, mas acrescentava outra. Argumentou o etnólogo francês que a Ásia foi o berço do homem americano, mas sua chegada às terras do Novo Mundo teria se dado em momentos e lugares diferentes, em uma experiência de muitas gerações;

3. **Teoria de Nièsede Guidon**: esta arqueóloga brasileira levantou a hipótese de que o *Homo sapiens* teria vindo diretamente da África pelo Oceano Atlântico, com águas a 140 m abaixo do nível atual. Além disso, a distância entre a África e a América era bem menor e havia muito mais ilhas. Atribui-se isso a uma grande seca no continente

africano, que quase dizimou integralmente a espécie humana, motivo pelo qual homens e mulheres deixaram a África há 130 milênios. Em busca de alimentos, alguns grupos se dirigiram para a Ásia e para a Europa, enquanto outros, provavelmente pescadores, foram levados por correntes marítimas e chegaram à América do Sul. Os resultados de quatro décadas de pesquisas realizadas no Parque Nacional da Serra da Capivara, sudoeste do Piauí, com seu imenso acervo cultural e natural reconhecido pela Unesco como Patrimônio Cultural da Humanidade, desafiam as teorias predominantes sobre a ocupação pré-histórica do continente americano. Contudo, a arqueóloga não descarta a teoria da migração humana, por meio da Beríngia, entre 40.000 e 13.000 anos atrás.

Existem, portanto, diferentes teses sobre a ocupação humana no continente americano. Ásia ou África são mencionadas como berços da civilização; Ásia, Oceania e África são apontados como pontos de partida para se atingir as Américas. Existem consensos na discussão: os homens pré-coloniais não são autóctones das Américas e chegaram em épocas distintas, consequência de mais de uma leva migratória. Sobre as circunstâncias em que se deram as migrações dos primeiros habitantes das Américas pairam ainda inúmeras opiniões e dúvidas. Estudiosos continuam a buscar respostas em relação às questões polêmicas sobre o povoamento das Américas.

Até os dias atuais, os nativos das Américas apresentam diferentes maneiras de vida, com culturas e línguas distintas. Muitos grupos desapareceram, mas deixaram vestígios de suas presenças em ruínas, artefatos e outros sinais. Começaram a ser mais bem conhecidos com o advento das Grandes Navegações, quando, ao final do século XV, os europeus chegaram ao continente americano e se depararam com populações com culturas muito diferentes daquelas existentes em seu continente. Asteca, Olmeca, Inca, Tupi, Tamoio e Sioux, entre tantos outros, eram alguns dos representantes dos também denominados povos pré-colombianos.

Aliás, os nomes pelos quais conhecemos essas populações indígenas não são os nomes que elas se atribuíam, mas aqueles com os quais os não indígenas os chamaram ao longo do tempo, ou seja, são etnônimos. Um Kadiwéu, por exemplo, que vive atualmente em Mato Grosso do Sul, nomeia a si e aos seus como *Ejiwajegi* (lê-se "edjiuádjêguí"), que em sua língua significa, aproximadamente, "nós somos gente". Muitas das autodenominações têm a conotação de contrastar certo grupo em relação a outros, classificando quem pertence ou não a esta ou àquela coletividade. Como resultado do processo de contato ao longo de séculos com os não indígenas, tais populações se utilizam do termo "índio" para estabelecer o contraste, a diferença entre aqueles que são e os que não são indígenas.

Não se pode esquecer de que os europeus, quando chegaram ao continente americano, desconheciam por completo as populações indígenas, seus costumes, suas línguas e suas autodenominações. Sabe-se, até mesmo, que os indígenas foram relacionados aos seres que povoavam o imaginário dos europeus, com características semelhantes aos "homens selvagens" e aos seres inumanos, aspectos contrários ao ser humano "civilizado" e cristão. Por isso mesmo, evitaremos utilizá-los ao longo do texto. Tais vocábulos indicam situações de pretensa superioridade de um grupo sobre outros (no caso de "civilizado" em oposição a "bárbaro" e "selvagem") ou, ainda, expressam a existência e divisão da espécie humana em raças (branca, negra, amarela, etc.), o que já está comprovado cientificamente ser uma falácia.

Para fugir desses estereótipos, optamos, assim como o faz boa parte da historiografia recente, pelo uso das expressões "não índio" e "não indígena", para nos referirmos a todos aqueles que não se sentem pertencentes a uma coletividade indígena. O critério, neste caso, baseado nos trabalhos de antropólogos e de outros cientistas sociais, é o sentimento de pertença (ou não) a determinado grupo. Além disso, cabe aos grupos étnicos reconhecer este ou aquele indivíduo como pertencente (ou não) a determinado coletivo, evocando, em geral, um passado em comum.

O Brasil é hoje reconhecidamente um país pluriétnico, mas como exposto anteriormente, ainda se acredita, por razões históricas, políticas e, até mesmo, ideológicas, que seja monolíngue, onde todo e qualquer habitante tem a língua portuguesa como L1 (Primeira Língua). Embora o português seja o nosso idioma oficial, ou seja, falado e escrito em todas as situações institucionais, tal crença desconsidera que existam migrantes que falam sua primeira língua em ambiente doméstico, seja esta a língua espanhola, a italiana ou outra qualquer. Nesse contexto, tampouco se leva em conta as línguas indígenas, classificadas em famílias e troncos distintos. Que outras implicações têm esta postura? Ora, essa diversidade de línguas significa mais do que simplesmente falar idiomas diferentes, traduzindo-se em rituais, cosmologias, tradições, manifestações artísticas e culturais peculiares a cada grupo étnico. Desconsiderar a diversidade linguística equivale, por conseguinte, a desconhecer a multiplicidade sociocultural.

De acordo com dados do Instituto Brasileiro de Geografia e Estatística (IBGE), a maioria das sociedades indígenas que vive no país concentra-se na Amazônia, embora existam numerosas populações no Centro-Sul, tais como os Guarani e Kaingang e, no Nordeste, como os Pankararu, Fulni-ô e Tremembé. Entretanto, pouco se conhece sobre as diferenças que marcam a cultura de cada uma dessas sociedades. Esse desconhecimento acaba por reforçar o senso comum que insiste em atribuir a essas populações a genérica e colonial categoria de "índios", como se fossem todos iguais: "habitantes de ocas e tabas", "adoradores de Tupã, do Sol e da Lua", "comedores de carne humana", etc.

De onde surgem as informações distorcidas que envolvem a pessoa indígena? Desde os primórdios da colonização, imagens estereotipadas foram criadas, geralmente oriundas de uma concepção padronizada, que reproduziam opiniões demasiadamente simplificadas e falsos juízos a respeito dos indígenas. A começar com a chegada dos portugueses e prosseguindo ao longo dos séculos, a figura do índio foi construída com base em registros históricos e iconográficos. Imagens e textos sobre o Novo Mundo e seus habitantes podem ser observados em Hans Staden, Jean de Léry, André Thevet, Theodor de Bry, Gabriel Soares de Sousa, Fernão Cardim, Yves d'Évreux, entre outros, com ênfase nas práticas de canibalismo. As cartas jesuíticas também colaboraram para a construção desse imaginário, pois, ao relatarem as vicissitudes dos trabalhos de colonização e catequese, reforçaram as ideias de selvageria e barbárie.

A cartografia portuguesa trouxe imagens de nativos, encarregando-se de reproduzir o padrão do homem "selvagem" e estabelecendo conexões do ameríndio com a barbárie. A representação do índio na iconografia europeia firmou-se, então, classificando-o ora como "bárbaro", ora como "selvagem" e/ou "antropófago". Vistos com tais características, os índios tornaram-se indignos de gerenciar suas próprias vidas, criando-se a necessidade de uma tutela física e espiritual.

Nessas circunstâncias, a dominação europeia no âmbito econômico, político e cultural justificou-se e tornou-se exequível pelos trabalhos da catequese. À frente das missões e dos aldeamentos indígenas, os jesuítas se responsabilizaram pela metamorfose dos índios, transformando-os em cristãos tutelados, com o propósito de aproximá-los do imaginário ocidental. No decurso da criação de novas categorias classificatórias, tentou-se afastar o índio da imagem de "selvagem", numa estratégia política e religiosa de elevar a pessoa indígena ao *status* de "civilizada".

A catequese contribuiu fortemente para diluir tais representações disseminadoras de estereótipos de barbárie, em que se atribuíam aos índios características demoníacas. A enorme diversidade cultural encontrada no Brasil no momento da chegada dos portugueses foi paulatinamente absorvida pela ideia do índio genérico, com imagens depreciativas. Seres degenerados, longe dos preceitos cristãos, necessitavam adotar hábitos da cultura não indígena para se tornarem "humanos". A ação jesuítica interviu nos modos de vida dos indígenas, quando forçados a renunciarem a práticas ancestrais, a costumes transmitidos de geração em geração, a modos de viver, a tecnologias, a desejos e, até mesmo, a uma língua própria.

Os propósitos da catequese e do sistema mercantilista adotados na colônia achavam-se em consonância com a construção de tais imagens. Para fomentar os projetos coloniais e a consolidação da presença portuguesa no Brasil, adotou-se a captura e a escravidão dos "negros da terra". Na esfera econômica, a inserção do trabalho nativo viabilizou a construção de fortificações, o surgimento de vilas e engenhos e da agricultura, esta praticada diferentemente das tradições e costumes nativos. Contudo, desde os tempos coloniais, fontes documentais expressam resistências, fugas, negociações, capitulações e acordos que mostram as distintas estratégias adotadas por homens e mulheres indígenas frente à dominação europeia.

Especialmente entre os séculos XVI e XVIII, a população indígena arregimentada alimentou uma economia imposta pelos agentes de contato, baseada na mão de obra nativa, alternada entre a abundância e a escassez, em busca de metais preciosos, da expansão da criação de gado e do fomento da agricultura extensiva. Estes foram os alicerces que desenharam os moldes da formação econômica e social do Brasil, sem dúvida, às custas do extermínio dos povos indígenas e da prática escravista. No âmbito cultural, a colonização portuguesa conduziu pouco a pouco os nativos à perda de sua autonomia, impondo o afastamento dos "costumes abomináveis" para empreender uma política intervencionista, a fim de solidificar a colonização.

Assim, a estratégia colonial em adotar a construção de uma imagem depreciativa do indígena justificou a catequese, a escravidão e, muitas vezes, o extermínio. A caracterização das representações indígenas, calcada em imagens e adjetivos pejorativos, perpassou o período colonial, adentrou o monárquico e prevaleceu no republicano. Contextualizados historicamente por mais de cinco séculos, ainda hoje, os estereótipos e as estilizações do indígena colocam-no em um lugar desmerecido e menor na formação do povo brasileiro.

Desde a infância, as crianças brasileiras convivem com as estereotipadas imagens do "índio genérico", expressão cunhada pelo antropólogo Darcy Ribeiro. Uma vez adultos, continuam a alimentar incontáveis fantasias sobre a vida daqueles a quem consideram verdadeiros "fósseis humanos". Um dos principais difusores da persistência do senso comum a respeito dos índios é a Educação Básica, pois muitos livros didáticos, adotados atualmente nas escolas, insistem em retratar as populações indígenas no Brasil de forma folclórica e sobretudo como pertencentes, exclusivamente, ao passado. Se considerarmos que uma parcela significativa dos que frequentam a escolarização básica não tem acesso aos resultados das pesquisas acadêmicas, veremos que o que se aprende ali pode se cristalizar e se reproduzir no interior das famílias e das relações sociais.

A ideia do desaparecimento das sociedades indígenas, por exemplo, não foi construída inocentemente e de forma aleatória. Até a década de 1980, o pensamento da sociedade brasileira era o da iminente extinção dos povos indígenas. No decorrer dos anos 1970 e 1980, os processos de ocupação territorial e exploração econômica adotados pelo governo brasileiro chegaram à Amazônia. A abertura de estradas, caso da Transamazônica, por exemplo, e os programas de desenvolvimento e de integração nacionais impuseram uma nova ordem àquela região, o que ocasionou contatos desastrosos e genocidas às sociedades indígenas. A violência dos processos de contato entre populações indígenas e não indígenas envolveu, além da extinção física, a extinção sociocultural de diversos grupos.

Nesse período, foram implantados diversos projetos de desenvolvimento econômico: Projeto Grande Carajás (extração de ferro, níquel e outros), Projeto Trombetas (extração de bauxita), Projeto Jari (produção de celulose), entre inúmeros outros. A violência dos processos de contato entre populações indígenas e não indígenas ameaçou a existência física das primeiras, ocasionando também desestruturação sociocultural. O desmatamento da cobertura vegetal decorrente da exploração econômica desenfreada teve como resultado danos irreparáveis aos ecossistemas, e a especulação fundiária gerou sérios conflitos entre índios e posseiros.

Por essas e outras razões, a instituição da Lei n.º 11.645/2008 tem sido de extrema importância. Entre os pontos positivos, cabe destacar: se é fato que o estudo e o conhecimento do passado histórico dos indígenas no país é uma necessidade, é igualmente necessário e mais que saudável que tenhamos consciência da realidade dessas sociedades no contexto do Brasil contemporâneo. Isso porque, se inúmeros grupos indígenas desapareceram ao longo de mais de quinhentos anos – desde a chegada de portugueses, espanhóis, ingleses, franceses e holandeses em terras sul-americanas –, é verdade também que muitos sobreviveram e lutam por direitos históricos e por maior visibilidade, a fim de que seus direitos sejam garantidos e respeitados, como preconiza a Constituição Federal de 1988.

Há, pois, uma riquíssima diversidade sociocultural presente no país e conhecê-la significa, entre outras coisas, aprender mais sobre múltiplas formas de organização social, política, cosmológica, etc. Respeitá-la é importante, não porque deva interessar aos não índios "preservar" as culturas indígenas – algo impensável quando se percebe as culturas perpetuamente ressignificadas e reelaboradas pelos grupos humanos –, mas porque esse respeito interessa, sobretudo, às próprias sociedades indígenas. Além disso, o reconhecimento da diversidade é uma marca das democracias e da educação para a cidadania.

Nesse sentido, espera-se que a Educação Básica – um dos lugares privilegiados para a formação da consciência cidadã – cumpra seu papel de instituição problematizadora e, como diria Paulo Freire, libertadora. Sem esse compromisso da escola, das políticas públicas sociais e da imprensa, a representação étnica dos indígenas continuará a ser estereotipada e marcada por inúmeros preconceitos e atitudes discriminatórias. Em outras palavras, os indígenas e suas culturas ficarão restritos aos limites dos museus e dos círculos acadêmicos especializados.

Por que a atitude de se qualificar muitas das populações indígenas do presente como "aculturadas", ou seja, como se houvesse populações "mais indígenas" e outras "menos indígenas", em uma espécie de escala evolutiva, é equivocada? Os critérios para essas esdrúxulas definições passam, entre outros motivos, pela perda do uso da língua indígena como língua materna. Isso sem contar os traços biológicos que para muitas pessoas são utilizados como critério definidor de quem é indígena ou não no Brasil, até os dias de hoje! Aqueles que assim procedem têm em mente que grupos que vivem em pleno século XXI sejam fisicamente semelhantes e comportem-se exatamente como seus antepassados.

Ao se imaginar que essas populações devam exibir comportamentos ou elementos de culturas material e imaterial de tempos remotos, desconsidera-se praticamente toda a trajetória histórica dos indígenas, marcada por permanências, fugas, capitulações, negociações, tentativas de extermínio, etc. Isso tudo sem contar aqueles grupos que se mantiveram isolados ou ocultados sob uma identidade não indígena, a fim de evitarem perseguições e poderem, assim, se reproduzir física e culturalmente, ainda que com grandes dificuldades. *Por fim, cabe indagar: se aos não índios é dado o direito de mudar, de se adequar a diferentes temporalidades sociais, por que apenas os indígenas deveriam permanecer para sempre no passado?*

Contrariando, pois, as expectativas de muitos, nos últimos anos verifica-se o surgimento ou "ressurgimento" de grupos indígenas, sobretudo na região Nordeste do Brasil. Na verdade, trata-se de grupos que, ao se organizarem social e politicamente, reclamam para si uma identidade étnica diferenciada. Este é o caso dos Tapeba, no Ceará e, mais recentemente, dos Tupinambá em Olivença, na Bahia, entre muitos outros. No Mato Grosso do Sul, região Centro-Oeste, "ressurgem" com força, na atualidade, os Kinikinau, os Kamba e os Ofayé.

OS NÚMEROS DA POPULAÇÃO INDÍGENA BRASILEIRA

A publicação *Povos indígenas no Brasil* (RICARDO, 1996; 2000; 2006; 2011; 2017), veiculada pela organização não governamental Instituto Socioambiental (ISA), em parceria com organismos nacionais e internacionais, em suas cinco últimas edições registrou os seguintes números: 206 sociedades indígenas em 1996; 216 em 2000, 225 em 2006, 235 em 2011 e 305 em 2017. Isso não significa, absolutamente, que antropólogos, historiadores ou outros pesquisadores estejam "inventando" etnias indígenas pelo Brasil afora, mas que, num curto espaço de quinze anos, surgiram cerca de 30 grupos reivindicando para si uma identidade étnica, se autoafirmando indígenas e alimentando o desejo de serem vistos e reconhecidos como tais. Esses dados também revelam que, em um ambiente histórico propício, culturas antes silenciadas e/ou ocultadas adquirem visibilidade.

Por mais que reconheçamos a forte presença de preconceitos contra os povos indígenas, também é importante enxergar os frutos positivos das lutas pró-diversidade étnica e cultural, presentes nos cenários nacional e internacional desde meados dos anos 1970. No caso do Brasil, especificamente, seus reflexos, diretos ou não, redundaram na chamada "Constituição Cidadã" de 1988. Por essas e outras razões, os institutos de pesquisa do país incorporaram preocupações dos grupos e movimentos sociais que, expressas em perguntas, têm permitido diminuir o grau de desconhecimento sobre o tema.

Quantos são os indígenas: os censos demográficos

Igualmente difícil e complexo é saber quantos indígenas habitavam as Américas no momento da chegada dos primeiros colonizadores europeus ao Novo Mundo, em fins do século XV. Não há como falar em números exatos ou mesmo aproximados, sobretudo porque não há registros escritos e, portanto, só é possível levantar hipóteses e suposições. De acordo com Leslie Bethell (2004, p. 129), "houve durante algumas décadas, e persiste ainda hoje, um intenso debate entre os historiadores demográficos sobre o tamanho da população americana nativa às vésperas das invasões europeias". As dificuldades metodológicas e a precariedade de dados históricos, portanto, impossibilitam a uniformidade de opiniões quanto ao tamanho da população indígena nas Américas entre o final do século XV e o início do XVI. Estimativas mais recentes e otimistas apontam cerca de 100 milhões para o continente americano no período.

E, nos dias de hoje, quantos seriam? Segundo a Comissão Econômica para a América Latina e o Caribe (Cepal), órgão da ONU com sede em Santiago, Chile, somente na América Latina há mais de 30 milhões de índios e cerca de 670 povos reconhecidos como indígenas pelos Estados nacionais. Tais pessoas vivem em diferentes situações de contato com a população não indígena, que vão do estreito convívio em ambientes urbanos ao isolamento em áreas de densas florestas.

ÍNDIOS ISOLADOS

Os chamados "índios isolados" ou "povos indígenas isolados" recusam o contato "estável", com ausência de relações permanentes ou com rara frequência de interação com não índios e com outros povos indígenas. O isolamento por parte de povos indígenas recai sobre experiências passadas, quando registros demonstram a prática de extermínio, transmissão de doenças infectocontagiosas e mortes, espoliação de recursos naturais e invasões de terras. Tais situações põem em risco suas vidas, seus direitos e sua continuidade histórica como grupos que se diferenciam culturalmente dos demais segmentos sociais existentes no Brasil. Como os "índios isolados" ainda podem viver experiências de um estado de autossuficiência, tanto social como econômica, o que possibilita o provimento de suas necessidades sociais, materiais e simbólicas, esquivam-se à convivência e evitam o contato com elementos não índios, desviando-se do desencadeamento de tensões e conflitos interétnicos.

Inversamente aos "povos indígenas isolados", os índios em contato com a sociedade não indígena encontram-se sob a forte influência desta. A proximidade configura-se em relações de conflito, de interesses opostos e forças antagônicas. Nesse cenário, os povos indígenas reivindicam direitos constitucionais, de manutenção de suas identidades e de direcionamento de suas próprias vidas. O propósito em obter autonomia como um direito a ser concedido e reconhecido representa um avanço na avaliação das relações entre os diferentes grupos que formam o povo brasileiro. Nessa perspectiva, os índios procuram construir alianças nacionais e internacionais, a fim de que possam assentar-se em projetos que lhes proporcionem maiores autonomia e protagonismo e que rompam com as relações de tutela e de submissão diante dos agentes de contato. Não se tem dúvidas de que as articulações políticas e os movimentos sociais contribuíram de maneira decisiva para a participação dos povos indígenas nas esferas públicas e privadas. Foi nesse ambiente que a Assembleia Nacional Constituinte iniciou seus trabalhos que resultaram no texto final da Constituição Federal de 1988.

De conformidade com os dados etnográficos da Fundação Nacional do Índio (Funai), há na Amazônia Legal pouco mais de 100 registros da presença de "índios isolados". A ação indigenista proposta pelo

Capítulo 1 Diversidade cultural indígena no Brasil contemporâneo 25

órgão oficial de assistência ao índio incumbe-se de promover trabalhos de localização geográfica para a comprovação de suas existências e de obter maiores informações sobre seus territórios e características socioculturais. Atualmente existem terras habitadas por grupos indígenas de recente contato, como os Zo'é, Awá Guajá, Avá Canoeiro, Akun'tsu, Canôe, Piripkura, Arara da Terra Indígena Cachoeira Seca, Araweté, Suruwahá, Yanomami, entre outros.

O Brasil não apresenta uma população indígena majoritária se comparado aos demais países latino-americanos. Os países com maior concentração de população indígena são Peru, México, Bolívia e Guatemala (acima de 4 milhões de índios), enquanto entre os de menor concentração estão Argentina, Costa Rica, El Salvador, Honduras, Nicarágua, Panamá, Paraguai e Uruguai (abaixo de 500.000 índios). O Brasil ocupa uma posição intermediária nesse quadro, pois apresenta uma população de índios superior a 500.000 indivíduos autodeclarados, mais precisamente 896.917 índios, segundo o Censo do IBGE de 2010.

No Brasil, em termos quantitativos, a população indígena não representa número significativo quando comparada à população não indígena, como se verifica na maioria dos demais países da América Latina. Nos dias atuais, a questão da demografia encontra-se vinculada a um conjunto de situações oriundas do contexto histórico, das características étnicas e culturais dos povos indígenas, do caráter centralizador da ação estatal, da tradição tutelar e dos dispositivos constitucionais da posse de terras.

Mesmo com toda essa presença, ainda é comum ouvirmos pessoas dizerem que as atuais populações indígenas no Brasil e mesmo nas Américas estariam vivendo na "Idade da Pedra"! Tal afirmação, completamente equivocada, parte de uma visão evolucionista das sociedades humanas e considera a cultura europeia como "civilizada" em oposição às culturas indígenas, que seriam "atrasadas" ou "primitivas". Na realidade, as populações indígenas vivem atualmente em diferentes *habitat* e possuem singulares tecnologias (algumas mais simples, outras mais complexas), para lidar com tais ambientes. Além disso, o contato de mais de cinco séculos transformou bastante a vida de centenas de sociedades indígenas que sobreviveram aos dias atuais, física e culturalmente.

Quantas delas vivem no Brasil atualmente? Onde se localizam? Quantas falam línguas diferentes da majoritária língua portuguesa? Não é fácil responder a essas perguntas, uma vez que não se conhecem todas as sociedades indígenas presentes em território brasileiro no início do século XXI. Antropólogos, profissionais que se dedicam a estudar agrupamentos humanos, entre eles os indígenas, em um esforço para contabilizar o número de sociedades no Brasil apontam mais de 230, perfazendo menos de 1 milhão de indivíduos, o que corresponderia a 0,47% da população total do país. Existiria cerca de 180 línguas diferentes da língua portuguesa ainda sendo faladas pelos índios, algumas delas de uso corrente entre milhares (como é o caso do guarani) e outras correndo o risco de desaparecer pelo diminuto número de falantes (umutina, ofayé e guató, entre outras).

AS LÍNGUAS INDÍGENAS NO BRASIL CONTEMPORÂNEO

São muitas as línguas indígenas no Brasil contemporâneo: segundo os linguistas, seriam cerca de 180 e, de acordo com o Censo de 2010 do IBGE, mais de 300. Por que essa disparidade de números? Ocorre que os recenseadores do IBGE apenas perguntaram em seus questionários se era falada uma língua indígena na residência que estava sendo visitada por ocasião do Censo, sem se preocupar se se tratava de uma língua que pudesse atender a vários nomes diferentes. O número de 180 línguas parece ser o mais próximo da realidade, uma vez que esta informação deriva de pesquisas científicas realizadas por antropólogos e linguistas. Muitos povos indígenas no Brasil atual falam apenas o português, mas há casos em que a língua indígena é falada por uma população considerável, como, por exemplo, os Tikuna (AM). A língua tikuna é amplamente falada em uma extensa área por muitos indígenas (acima de 30.000), cujas aldeias se localizam em três países: Brasil, Peru e Colômbia. Nem a proximidade dos índios

> com as cidades do Amazonas, nem a presença de indígenas de outras etnias nas aldeias tikuna (Kaixana, Kokama e Kanamari) ameaçam a língua tikuna de extinção. Por outro lado, entre as 180 línguas estimadas pelos linguistas, muitas correm risco de extinção, outras são faladas por um número pequeno de pessoas e algumas sequer foram ainda estudadas.

Todos os dados demográficos e outras informações dessa natureza que apresentamos no presente capítulo são provisórios. Isto porque retratam apenas a situação atual das populações indígenas, ou seja, tratam-se, em conjunto, de um "instantâneo" ou um *flash* da realidade observada sobre os índios no Brasil das primeiras décadas do século XXI. Sabemos, por outro lado, que também é complicado "fixar" as populações indígenas em determinados lugares, pois há casos e casos em que as migrações foram/são determinantes para a localização de certos grupos. Quando falamos em migrações, por exemplo, estamos nos referindo a diferentes tipos de deslocamentos humanos, alguns voluntários, outros forçados e outros, ainda, provocados por cisões internas existentes nos grupos indígenas.

Tomemos, brevemente, o caso dos indígenas Terena, vivendo na atualidade, majoritariamente, em três estados brasileiros: Mato Grosso, Mato Grosso do Sul e São Paulo. Oriundos de terras localizadas na margem oriental do rio Paraguai, os Terena migraram inicialmente do Chaco para o antigo sul de Mato Grosso, hoje Mato Grosso do Sul, em meados do século XVIII. De lá, algumas famílias foram levadas pelo Serviço de Proteção aos Índios (SPI) para o interior de São Paulo, no início do século XX, a fim de servirem de "exemplo" aos índios locais (exemplo de habilidade em práticas agrícolas e obediência ao sistema de controle imposto pelos funcionários do órgão indigenista oficial). Mais recentemente, entre o final do século XX e o início do XXI, algumas famílias empreenderam nova migração, em direção ao Estado de Mato Grosso. Há poucos anos, os Terena passaram a ocupar também terras em Vilhena, Rondônia, às margens da BR-174, perfazendo uma população de 53 pessoas ocupando a Reserva Indígena Uty-Xunaty.

O crescimento da população indígena nas áreas urbanas tem sido verificado desde que a categoria foi incluída no Censo de 1991. Contudo, os números apresentados em 2010 demonstraram uma diminuição na proporção da população indígena que reside em áreas rurais. Os três últimos censos (1991, 2000 e 2010), elaborados pelo IBGE, produziram informações mais precisas a respeito de quantos são e onde estão os indígenas no Brasil. Desde 1991 os censos demográficos coletam dados sobre a população indígena brasileira, com base na categoria indígena do quesito cor ou raça. O Censo de 2000 revelou um enorme crescimento da população indígena, passando de cerca de 294.000 para aproximadamente 734.000 (um aumento de quase 50%). O acréscimo expressivo pode ser compreendido percebendo-se que um número maior de pessoas se reconheceu indígena, principalmente em áreas urbanas do país. Os censos de 1991 e 2000 não investigaram a filiação étnica e linguística dos indígenas entrevistados, diferentemente do Censo de 2010.

Nesse último, foi introduzido um conjunto de perguntas específicas para as pessoas que se declararam indígenas, como o povo ou a etnia a que pertenciam, como também, as línguas indígenas faladas. Além disso, incorporou-se um novo recorte geográfico, que foi a localização do domicílio indígena: dentro ou fora de terras indígenas reconhecidas pelo governo federal. Em decorrência da nova metodologia adotada para a coleta de dados – fruto, em grande parte, dos movimentos sociais indígenas e dos grupos de não índios a eles ligados em suas lutas –, os resultados do Censo de 2010 permitem um delineamento detalhado acerca das pessoas que se declararam indígenas, revelando um país com uma expressiva diversidade étnica e sociocultural. Os municípios com maiores populações indígenas no país são: Tabatinga, São Gabriel da Cachoeira e São Paulo de Olivença (AM), além de São Paulo, capital. Para muitos, esta última informação pode ser surpreendente, mas deixa de ser se levarmos em consideração os fluxos migratórios já citados.

Onde estão os indígenas no Brasil: a Amazônia

A Amazônia é a região brasileira que concentra nos dias atuais o maior número de grupos e de pessoas que se reconhecem como indígenas, além de possuir grupos que em pleno início de século ainda têm pouco ou nenhum contato regular com a sociedade não indígena. Historicamente é possível compreender tal situação, uma vez que esta enorme área de 5.500.000 km² (60% do total no Brasil) foi uma das poucas que escaparam da cobiça imediata dos colonizadores europeus, que demoraram a iniciar sua efetiva exploração devido à localização geográfica e às dificuldades de acesso. A Amazônia se estende por outros países sul-americanos, tais como Bolívia, Colômbia, Equador, Guiana, Peru, Suriname e Venezuela, além da Guiana francesa. No lado brasileiro, encontram-se os municípios mais densamente povoados por indígenas e, além disso, vivem na região grandes contingentes populacionais, tais como os Tikuna (autodenominação *Maguta*), com 46.000 indivíduos, no Estado do Amazonas, ou os Makuxi (autodenominação *Pemon*), com 28.900 indivíduos, em Roraima.

Há muitas populações indígenas na Amazônia divididas por fronteiras internacionais, por exemplo, os Ashaninka (autodenominação *Ashenika*), cuja área de ocupação estende-se por um vasto território, desde a região do Alto Juruá e da margem direita do rio Envira, no Estado do Acre, até as vertentes da cordilheira andina no Peru, ocupando parte das bacias de diversos rios. A maioria desses índios vive no Peru e é possível pensar nos contatos que possuem com seus "parentes" do lado brasileiro, bem como nos trânsitos que realizam de um lado a outro da fronteira. Essa situação exemplifica a grande dificuldade em se "fixar" populações indígenas em mapas, especialmente em áreas de limites entre Estados nacionais, bem como contabilizar um número próximo do exato da população indígena na Amazônia. Por outro lado, há ambientes urbanos em que indígenas representam a maioria da população local, o que aponta um processo histórico de miscigenação com outros povos e trocas culturais realizadas ao longo do tempo.

As populações indígenas na Amazônia brasileira representam aproximadamente 40% do total do país. Não apenas a quantidade, mas a diversidade étnica presente nessa região do Brasil chama a atenção. São diferentes povos falando línguas distintas, além da língua portuguesa, e vivenciando culturas e tradições transmitidas há gerações. Verificam-se diversas situações vividas pelos índios nos diferentes Estados da Federação que abrigam a Floresta Amazônica (Acre, Amapá, Amazonas, Pará, Rondônia, Roraima, Tocantins e parte dos territórios de Maranhão e Mato Grosso). Algumas populações se encontram "isoladas" do contato regular com a sociedade não indígena, outras estão em aldeias e terras indígenas regularizadas e há, ainda, aquelas que se encontram em ambientes urbanos, em um intenso contato com não índios.

O atendimento às populações aldeadas, bem como aos índios em relativo isolamento é feito pela Funai, enquanto a Secretaria Especial de Saúde Indígena (Sesai) responsabiliza-se pelo atendimento à saúde e a Fundação Nacional de Saúde (Funasa) promove saneamento básico aos indígenas. Mesmo que um expressivo número de indivíduos tenha se autodeclarado indígena na região, existe na Amazônia enorme preconceito em relação a quem se considera índio, pois além das ideias errôneas a respeito do que é ser índio (considerado "atrasado", "primitivo", "selvagem") há ainda fortes interesses econômicos de madeireiras e garimpeiros, apenas para citar dois exemplos, sobre as terras indígenas do Norte/Noroeste do país.

Onde estão os indígenas no Brasil: o Centro-Sul

O Centro-Sul brasileiro foi uma das áreas mais impactadas pelo encontro entre as populações indígenas que aqui viviam antes da chegada dos colonizadores europeus. Especialmente na faixa litorânea de estados como Espírito Santo, Rio de Janeiro e São Paulo, por exemplo, houve a dizimação e o apresamento de inúmeros grupos indígenas, utilizados como mão de obra escrava. Apesar disso, o Centro-Sul (estados de Espírito Santo, Goiás, Mato Grosso do Sul, Paraná, Rio de Janeiro, Rio Grande do Sul, Santa Catarina e São Paulo, além do Distrito Federal e partes dos territórios de Mato Grosso e Minas Gerais), concentra a segunda maior população indígena do Brasil, perfazendo aproximadamente 36% do total, com 205.439 indivíduos que se autodeclararam indígenas. As maiores populações no Centro-Sul cabem ao Mato Grosso do Sul, com 73.295 pessoas e ao Rio Grande do Sul,

Capítulo 1 Diversidade cultural indígena no Brasil contemporâneo

com 32.989. Em ambos os casos, leva-se em consideração a população residente em áreas rurais e urbanas.

Os Guarani-Kayowá (43.400), os Kaingang (37.400) e os Terena (28.800) representam os maiores contingentes populacionais indígenas dessa região. Há, contudo, populações bastante diminutas e que correm o risco de desaparecimento, como é o caso dos Ofayé e dos Guató, ambos com menos de 100 indivíduos. São Paulo possui uma população de 41.794 indígenas, habitantes de terras localizadas em diversas partes do estado, havendo uma concentração no litoral e no Vale do Ribeira, onde se encontram os povos Guarani (Mbyá e Ñandeva).

São Paulo, capital, se destaca como um dos municípios que no último Censo do IBGE apresentou uma das maiores populações indígenas do Brasil. Como explicar isso? Ocorre que as migrações de índios para São Paulo, especialmente do Nordeste, ajudam a "engrossar" os números da população indígena naquela metrópole. Há indígenas localizados no interior e no litoral. Historicamente, desde os primeiros tempos de contato dos povos indígenas com os não índios, a posse, o usufruto e o controle efetivo da terra pelos índios são entendidos como condições sem as quais não há sobrevivência. No Centro-Sul, a ausência ou pouca disponibilidade de terras provocou fortes impactos na vida indígena, modificando modelos tradicionais de subsistência física e cultural.

Onde estão os indígenas no Brasil: o Nordeste

Durante muito tempo se acreditou que os indígenas do Nordeste brasileiro haviam sido "extintos" ou absorvidos pela população regional, sem que tivessem mantido características identitárias e culturais distintivas em relação à sociedade não indígena. Importantes estudos realizados ao longo das décadas de 1980 e 1990 (OLIVEIRA, 2004) demonstraram não apenas a falácia da extinção das populações indígenas naquela região do país, como também o vigor de suas lutas pelo reconhecimento étnico e respeito por direitos históricos, secularmente negados.

O litoral do Nordeste, banhado pelo Atlântico, é a região das Américas que se encontra mais próxima ao "Velho Mundo", caracterizado pela antiguidade da presença europeia. Após a chegada dos portugueses ao litoral brasileiro, por meio século, o pau-brasil, a "árvore de tinturaria", por ter mercado certo na Europa, despertou de imediato o interesse dos colonizadores. A exploração da madeira foi tão intensa que não demorou muito para chegar perto da extinção.

O trabalho nos engenhos de açúcar, que sucedeu à extração do pau-brasil, fez uso de mão de obra para o estabelecimento da escravidão dos índios no Nordeste. Inúmeras expedições foram organizadas com o intuito de arregimentar indígenas para os trabalhos escravo e compulsório. Como resultado, uma drástica redução desta população foi verificada ainda no período colonial, frente à violência física e cultural, às epidemias e às mortes. Estudiosos estimam a população indígena americana no século XVI entre 2 e 4 milhões de pessoas que pertenciam a mais de 1.000 povos diferentes, muitos deles localizados no atual Nordeste brasileiro.

A população autodeclarada indígena no Censo de 2010 computou na região Nordeste 208.691 indivíduos, sendo que o Sergipe registrou o maior número, com 56.381, seguido da Paraíba, com 53.284, e do Maranhão, com 35.272. Com exceção de Piauí e Rio Grande do Norte, há uma expressiva quantidade de povos vivendo em terras indígenas. Contudo, isso não quer dizer que a presença indígena nos dois estados seja inexistente. Dados dos três últimos censos demográficos registraram a evolução da população indígena no Piauí: em 1991, foi computada em 314 indivíduos, passando para 2.664 no ano 2000 e 2.944 em 2010. Já o Rio Grande do Norte, mesmo apresentando um decréscimo populacional, de 394 indivíduos em 1991 passou para 3.168 em 2000 e 2.597 em 2010.

Nos demais estados, um conjunto extremamente heterogêneo de povos indígenas habitam a região: em Alagoas se encontram os Jiripancó, Kalankó, Kariri-Xocó, Tingui Botó; na Bahia, são os Atikum, Kaimbé, Pankararé, Pankaru, Pataxó, Pataxó Hã-hã-hãe, Tupinambá; no Ceará, os Anacé, Kanindé, Kariri, Pitaguary, Potiguara, Tremembé; no Maranhão, acham-se os Gavião Pykopjê, Guajá, Guajajara, Krikati; na Paraíba, os Potiguara, único estado que possui mais de 50% de população indígena nos municípios de Marcação e Baía da Traição;

em Pernambuco, os Atikum, Fulni-ô, Kambiwá, Pankará, Xukuru; em Sergipe, os Xocó.

Hoje, os povos indígenas no Nordeste vivem em áreas rurais e urbanas. Em uma região de colonização secular, é perceptível o grau de incorporação dos povos indígenas na sociedade regional, especialmente em aspectos econômicos. Os índios mostram-se possuidores de hábitos que se revelam próximos dos não índios, sem um expressivo contraste cultural, mas nem por isso deixando de manter uma consciência étnica. Na ressignificação de seus costumes, diante das vicissitudes do contato com os não indígenas, o protagonismo indígena se faz presente em movimentos de reconstituição territorial e, também, na área educacional.

Conclusão

Vimos, ao longo deste capítulo, que responder às perguntas sobre "quem são?", "quantos são?" e "onde estão?" as populações indígenas no Brasil constitui-se uma tarefa árdua e complexa. Em relação à temática, ainda persistem inúmeras dificuldades para oferecer respostas exatas sobre as sociedades indígenas em seus aspectos históricos e culturais e dar evidência à singularidade existente em cada uma delas, a fim de eliminar estereótipos e preconceitos. Nesse caso, afirmam especialistas: é fundamental aos professores indicar a diversidade bastante significativa que há entre as sociedades indígenas localizadas no Brasil (e em outros lugares das Américas), em termos de adaptação ecológica a diferentes ambientes e em termos sociais, políticos, econômicos, culturais e linguísticos.

Aliás, na definição atual do significado do "ser índio" entra em cena aquilo que os antropólogos chamam de adscrição, ou seja, o duplo processo de autorreconhecimento e reconhecimento por parte do Outro. Trocando em miúdos, é "índio" quem afirma sê-lo e é reconhecido por outros como tal. Evidentemente que, para evocar uma identidade dessa natureza, os Chiquitano, os Karajá, os Tukano e tantos mais se valem de uma ancestralidade histórica, de sinais diacríticos e de uma espécie de continuidade no tempo com populações que viveram no que atualmente denominamos Brasil e no continente americano.

Há que se ter em mente que muitas identidades indígenas foram negadas ao longo do tempo por não indígenas interessados nas riquezas das terras dos índios e no apagamento de tais identidades.

Este capítulo dedicou-se a apresentar os números da população indígena brasileira, bem como sua localização por região geoeconômica (Amazônia, Nordeste e Centro-Sul) e outras informações que julgamos importantes para a compreensão da diversidade étnica indígena no país do início do século XXI. Para tanto, baseamo-nos em dados oferecidos pelo IBGE, pela Funai, entre outros órgãos governamentais e também em informações divulgadas por organizações não governamentais, tais como o ISA e o Centro de Trabalho Indigenista (CTI). Em conjunto, os dados aqui apresentados e analisados mostram que ainda temos muito que estudar e compreender sobre a presença indígena no Brasil, pois há lacunas a serem preenchidas, tais como sabermos o número de línguas existentes.

No Brasil contemporâneo, a diversidade sociocultural das sociedades indígenas não recebeu o merecido reconhecimento, principalmente porque ainda se depara com a incorreta categoria homogeneizada e folclórica do "ser índio". O termo "índio", fruto de um erro histórico do século XVI, concebe a existência de uma unidade genérica que permite diferenciar índios de não índios, que se incumbe da manutenção de uma identidade social coletiva genérica, eliminando especificidades culturais. É preciso, portanto, que os estereótipos construídos sobre a pessoa indígena sejam apagados e que suas marcas étnicas não sejam anuladas. O respeito e o restabelecimento dos territórios indígenas por parte da sociedade nacional tornam-se condições primordiais para a sobrevivência e cidadania desses grupos, que compõem a formação do povo brasileiro com uma diversidade sociocultural incontestável.

Referências

BARRETTO FILHO, Henyo Trindade. *Sociedades indígenas: diversidade cultural contemporânea no Brasil*. Brasília: Funai/Cedoc, 1996. 35 p.

BETHELL, Leslie (Org.). *História da América Latina: América Latina colonial*. 2. ed. Trad. Maria Clara Cescato. São Paulo: Edusp; Brasília: Fundação Alexandre de Gusmão, 2004. 679 p. v. 1.

FAUSTO, Carlos. *Os índios antes do Brasil*. 3. ed. Rio de Janeiro: Zahar, 2005. 94 p. (Descobrindo o Brasil).

FERNANDES, Joana. *Índio: esse nosso desconhecido*. Cuiabá: UFMT, 1993. 149 p.

GOMES, Mércio Pereira. *Os índios e o Brasil: passado, presente e futuro*. São Paulo: Contexto, 2012. 299 p.

GRUPIONI, Luís Donisete Benzi (Org.). *Índios no Brasil*. Brasília: Ministério da Educação e do Desporto, 1994. 279 p.

GUIMARÃES, Susana Martelletti Grillo. *A aquisição da escrita e diversidade cultural: a prática de professores Xerente*. Brasília: Funai/Cedoc, 2002. 137 p.

IBGE. *Censo demográfico 2010*. Características gerais dos indígenas: resultados do universo. Rio de Janeiro: IBGE, 2010. Disponível em: <https://biblioteca.ibge. gov.br/visualizacao/periodicos/95/cd_2010_indigenas_universo.pdf>. Acesso em: 02 nov. 2017.

INSTITUTO SOCIOAMBIENTAL. *Povos Indígenas no Brasil*. Disponível em: <Http://pib.socioambiental.org/pt>. Acesso em: 02 nov. 2017.

MONTEIRO, John Manuel. *Negros da terra: índios e bandeirantes nas origens de São Paulo*. São Paulo: Companhia das Letras, 1994. 300 p.

OLIVEIRA, J. P. de (Org.). *A viagem da volta: etnicidade, política e reelaboração cultural no Nordeste indígena*. 2. ed. Rio de Janeiro: Contracapa/Laced, 2004. 361 p. (Territórios Sociais).

RAMOS, Alcida Rita. *Sociedades indígenas*. 2. ed. São Paulo: Ática, 1988. 96 p. (Série Princípios).

RICARDO, Carlos Alberto (Ed.). *Povos indígenas no Brasil 1991-1995*. São Paulo: Instituto Socioambiental, 1996. 871 p.

RICARDO, Carlos Alberto (Ed.). *Povos indígenas no Brasil 1996-2000*. São Paulo: Instituto Socioambiental, 2000. 831 p.

RICARDO, Carlos Alberto; RICARDO, Fany (Eds.). *Povos indígenas no Brasil 2001-2005*. São Paulo: Instituto Socioambiental, 2006. 879 p.

RICARDO, Carlos Alberto; RICARDO, Fany (Eds.). *Povos indígenas no Brasil 2006-2010*. São Paulo: Instituto Socioambiental, 2011. 763 p.

RICARDO, Carlos Alberto; RICARDO, Fany (Eds.). *Povos indígenas no Brasil 2011-2016*. São Paulo: Instituto Socioambiental, 2017. 827 p.

RODRIGUES, Aryon Dall'Igna. *Línguas brasileiras: para o conhecimento das línguas indígenas*. 2. ed. São Paulo: Loyola, 1994. 134 p.

WITTMANN, Luisa Tombini (Org.). *Ensino (d)e História Indígena*. Belo Horizonte: Autêntica, 2015. 208 p.

CAPÍTULO 2

CULTURA MATERIAL E CULTURA IMATERIAL: SABERES INDÍGENAS NAS ALDEIAS E NAS SALAS DE AULA

Introdução

Entende-se por patrimônio cultural bens de naturezas material e imaterial importantes para a construção das identidades das sociedades, indígenas ou não. Bens materiais são bens culturais e se ordenam conforme sua condição (arqueológica, paisagística, etnográfica, histórica e artística), e podem ser divididos em móveis e imóveis. Os primeiros são representados pelas coleções arqueológicas, museológicas, documentais, bibliográficas, arquivísticas, videográficas, cinematográficas e fotográficas; os imóveis referem-se aos sítios arqueológicos, núcleos urbanos, individuais e paisagísticos. Em linhas gerais, a cultura material tem caráter móvel e corresponde às produções humanas que associam matérias-primas e tecnologias. Já os bens culturais imateriais dizem respeito aos saberes, habilidades, crenças, práticas, modos de ser das pessoas, como, por exemplo, os conhecimentos reproduzidos no cotidiano das comunidades: manifestações literárias, musicais, plásticas, cênicas, lúdicas e rituais, além de festas de vivência coletiva, de entretenimento e de outras práticas da vida social.

Os saberes do patrimônio imaterial são transmitidos de geração em geração e estão em constante recriação, de acordo com as exigências e as necessidades de cada sociedade. Muitos bens culturais são tombados pelo Instituto do Patrimônio Histórico e Artístico Nacional (Iphan), quando são registrados por meio de normas legais, a fim de se proteger, controlar e preservar saberes que estariam em risco de desaparecimento. São exemplos de patrimônios indígenas tombados: "ritxòkò", ou os modos de fazer bonecas karajá (MT, TO, GO, PA); "yaokwa", evento que define os calendários ecológico e ritualístico dos Enawene Nawe (MT); "kusiwa", a arte gráfica dos Wajãpi (AP, PA); "Iauaretê", lugar sagrado dos povos indígenas dos rios Uaupés e Papuri (AM), entre outros.

Cestos, colares, arcos, flechas, panelas, remos, flautas, diademas, amuletos, petecas, pinturas corporais e outros carregam em si informações que estão além daquilo que se permite ver. Fazer uma peça falar significa conhecer seus sentidos, ou seja, implica conhecer e compreender os significados que os indígenas lhes atribuem. A funcionalidade artesanal proporciona inúmeros saberes que estão inseridos em todos os aspectos da vida na aldeia.

Na produção de artefatos, homens e mulheres, adultos e crianças compartilham experiências coletivas e individuais que vão desde a coleta da matéria-prima até sua transformação em objeto de uso que, em determinadas situações, também adquirem diversas funções e distintos significados. Em outras palavras, a confecção e o uso de artefatos indígenas estão presentes em situações cotidianas, lúdicas, religiosas e ritualísticas e, em todos os casos, desfrutam de uma criação técnica e artística ímpares. Estilos de criação imprimem marcas que trazem saberes sobre a sociedade produtora.

Este capítulo trata da produção artesanal e da cosmovisão indígenas. Quer entender a arte como criadora e transformadora de corpos e de pessoas, envolta em saberes, crenças e mitos. Como no Brasil há centenas de povos indígenas – cada um com suas especificidades culturais, sociais, linguísticas, econômicas, políticas, mitológicas e religiosas –, diferenciações também se fazem na produção de artefatos.

A produção e o uso de artefatos podem indicar o lugar do indivíduo na sociedade indígena, responsabilizando-se por alterações de sentimentos e atitudes no decurso de sua existência. Transformadores de ambientes natural, cultural e sobrenatural, os artefatos também são emblemas de pertencimento a certas categorias sociais e de formas de criação de corpos e de pessoas produtoras de conhecimentos.

No cotidiano das aldeias, o artefato – aqui entendido como um universo de saberes vinculados à matéria-prima, à técnica e ao simbólico – reúne informações de ordem material e imaterial, associadas a visões de mundo. Com seus modos de viver peculiares, os povos indígenas desenvolvem técnicas distintas, o que os tornam únicos e diferentes dos demais, além de possibilitar, aos seus membros, meios de pôr à disposição ou ao alcance a facilidade de executar diversas tarefas.

Assim, apresentamos considerações sobre as culturas material e imaterial de diversos povos indígenas, de modo a auxiliar os professores a refletirem sobre os saberes indígenas e a prepararem aulas e atividades que possibilitem aos alunos um conhecimento crítico e criativo. Além disso, nossa intenção é proporcionar contatos com um tema ainda pouco explorado fora do âmbito das artes e que diz respeito à confecção e ao uso de objetos e às manifestações cerimoniais e simbólicas. Em conjunto, as culturas indígenas representam um patrimônio inestimável ao Brasil, e conhecê-las, preservá-las e respeitá-las faz parte da formação cidadã de todo brasileiro.

Dinâmica cultural, transformações e o sentido da dádiva entre os índios

Nas sociedades indígenas, o objeto artesanal utilitário também tem funções ornamental, lúdica e ritualística. Sua feitura pressupõe um conjunto de saberes técnicos e estéticos. Além desses significados, o objeto é, comumente, visto como obra de arte. Esta ampliação de significados se deve ao fato de ele abarcar o domínio do espaço geográfico em que vivem os membros das sociedades indígenas, o conhecimento de matérias-primas aí existentes (conchas, madeiras, cabaças, cuités, tabocas, plantas de onde se extraem as tintas para pintura, etc.), bem como as formas e os desenhos por eles criados. Esses elementos, presentes nos artefatos, formam as dimensões material e imaterial de seus produtores e respondem pelos caracteres próprios das culturas. Isso significa que uma rede, uma casa, um banco, um cesto ou uma panela são simultaneamente úteis e belos, desde que elaborados dentro dos parâmetros compartilhados por todos os indivíduos de uma dada sociedade.

É importante dizer que os estilos de criação e a noção de belo encontram-se ligados à cultura de cada um dos povos indígenas que impingem seu jeito de fazer e suas marcas identitárias no ato da produção dos objetos. Muitos povos indígenas são lembrados por seus artefatos, como, por exemplo, os Kayapó (MT e PA), os Bororo e os Rikbaktsa (MT), que são referenciados por sua plumária; já os Kadiwéu (MS), os Waurá (MT) e os Suruí Paiter (MT e RO) são reconhecidos por sua cerâmica. Isso significa dizer que, se um não indígena tentar copiar o jeito de fazer um artefato indígena, jamais conseguirá agregar marcas identitárias que são próprias e exclusivas dos índios.

A escolha e a utilização das matérias-primas disponíveis nos territórios indígenas, associadas às técnicas de manufatura, têm como resultado o artefato, ou seja, o objeto usado cotidianamente na exploração e na adaptação ambientais, bem como na produção e transformação de corpos. Para além do artefato, o urucum, o jenipapo e a tabatinga são comumente utilizados, associados ou não, para enfeitar e transformar homens e mulheres. A pintura corporal encontrada em diversos povos indígenas detém expressões e significados específicos que são permanentemente recriados e até mesmo permutados. O conjunto de grafismos, um código visual, revela aspectos da vida indígena na interpretação de símbolos identitários que indicam, por exemplo, a etnia, o sexo da pessoa e os estágios da vida.

Vejamos como se dá este processo: as matérias-primas disponíveis são selecionadas para fins específicos e coletadas na natureza. Sua transformação em artefato se dá em conformidade com os saberes (técnicas) que esta ou aquela cultura foi criando e aperfeiçoando ao longo de sua história. Assim como livros, artefatos são depositários de um conjunto de marcas capaz de expressar o jeito de ser de cada povo indígena. Esse saber-fazer objetos é, como dito acima, um processo em que o artefato/objeto carrega informações para além de sua utilidade,

Capítulo 2 **Cultura material e cultura imaterial** 41

porque revela uma linguagem embutida tanto naquilo que pode ser visto, sua dimensão material, como no que não é visto, ou seja, sua dimensão imaterial. Nesse percurso, o material está para o objeto propriamente dito, assim como o imaterial está para o saber sobre esse objeto, ou seja, como se faz, qual sua função, etc. Como exemplo de dimensão imaterial, a narigueira emplumada nambikuara, de uso exclusivo do sexo masculino, não tem somente a função de adornar, mas, principalmente, a de possibilitar àquele que a usa "voar" em direção à árvore sagrada, morada de seres sobrenaturais.

O povo Nambikuara vive atualmente em pequenas aldeias, nas nascentes dos rios Juruena e Guaporé, em Mato Grosso, até Ji-Paraná e Roosevelt, sul de Rondônia, na fronteira do Brasil com a Bolívia, Amazônia Legal. Dividido em vários grupos, sua população conta com aproximadamente 2.000 indivíduos, distribuídos em ecossistemas distintos: Cerrado, Serra do Norte e Vale do Guaporé. A narigueira emplumada fabricada pelos Nambikuara atravessa o orifício artificial do septo nasal, perfurado durante a cerimônia de iniciação à puberdade masculina. Pode apresentar dimensões variadas, a depender da pena empregada. A de pena de arara tem aproximadamente 35 cm de comprimento, e a de mutum ou gavião mede em torno de 25 cm. Essa única pena está inserida em um pequeno rolete de taquara e este em uma haste de madeira circundada por uma roseta de plumas de tucano (pretas, vermelhas e amarelas), atadas a um cordel de algodão untado com cera de abelhas.

A NARIGUEIRA EMPLUMADA NAMBIKUARA

Os Nambikuara do Cerrado acreditam que na abóbada celeste exista uma figueira, Haluhalunekisu ("Árvore do choro"), de imensas raízes que envolvem a terra dos homens. Dauasununsu, ser sobrenatural, conhecedor de todas as coisas, reina nesse frondoso vegetal de copa verdejante, mas não está só: em seus galhos vivem curiangos e tesoureiros. No começo da estação chuvosa, essas aves frequentam a terra para procriar e, somente quando os filhotes estão prontos para voar, o bando retorna à árvore celestial. Além dos pássaros, existem libélulas, encarregadas por Dauasununsu de fazer chover. Nas ramagens de Haluhalunekisu vive também um gavião que constrói seu ninho com ossos e cabelos humanos temido tanto pelos moradores da figueira quanto pelos pajés. Estes são os únicos que podem enxergar as raízes da árvore e caminhar por elas, caminho inversamente percorrido pelos raios, até atingir a copa da árvore, a fim de renovar poderes espirituais, momento em que são presenteados com nomes para dar às crianças que estão por nascer. Na concepção dos Nambikuara, a narigueira emplumada representa o gavião, possuidor de forças sobrenaturais, que, ao ceder uma das penas, transfere poderes ao pajé, tornando-o detentor do privilégio de voar e chegar até Haluhalunekisu. Ao retornar com mais forças, tem condições de combater as ações de espíritos malfeitores que costumeiramente alimentam-se das raízes suspensas, com o propósito de impedir o encontro do pajé com Dauasununsu. O equilíbrio da vida depende do trabalho de purificação da figueira celestial e a tarefa é estimulada pelo repertório musical do pajé. Cantam os índios em sessões de cura: "O filhote de gavião está chorando porque debaixo da figueira está muito sujo". A impureza refere-se aos desacertos das atitudes humanas. Contudo, proporcionar harmonia à aldeia não é atribuição específica dos pajés. Todos têm a responsabilidade de trazer alegria ao espaço indígena, impedindo que as folhas da figueira percam a cor verdejante, ressequem e caiam sobre a aldeia – sinais de desagrado de Dauasununsu, que poderá castigar a todos com a escuridão.

Caracterizadas por serem bastante diversificadas, as matérias-primas têm procedência animal, mineral ou vegetal. Assim, argilas, tabocas, taquaras, capins, cipós, sementes, fibras, madeiras, penas, caramujos, couros, carapaças, dentes e garras, associados ou não a outros materiais, servem de entrada para um sistema de produção determinado, quando mãos masculinas e/ou femininas indígenas dão forma às peças.

Cada artefato é capaz de expressar manifestações existentes nos diversos segmentos societários, sejam individuais ou coletivos. Ao revelar dados referentes ao ambiente, à técnica, à mitologia, à organização social e política, os artefatos armazenam dados que dimensionam a cosmovisão que estabelece padrões comportamentais dentro das sociedades indígenas. A cultura material, transitável nos diversos segmentos da vida indígena, perpetua, recria e substitui usos e costumes, em uma dinâmica cultural incessante.

Nas aldeias, é visível que o conjunto de artefatos que compõe a cultura material passa por modificações. Como causas principais estão a drástica diminuição de territórios, o acesso a bens industrializados e a presença de não índios cada vez mais próxima das aldeias. Nos novos tempos, mãos artesãs modelam novas formas que se utilizam de matérias-primas industrializadas, tais como madeiras beneficiadas, telhas de amianto, lonas plásticas, fios de *nylon* e de algodão, canos de plástico, câmaras de ar de veículos, aros de bicicletas, vidros, entre tantas outras. Assim, a casa e os objetos artesanais passam por transformações e, em alguns casos, por substituições.

As mudanças e permanências presentes nas matérias-primas e nos modos de fazer vinculam-se às vicissitudes dos acontecimentos internos e/ou externos às aldeias, isto é, à dinâmica cultural. Isso significa que todas as formas de manifestação técnica e/ou artística, crenças, artes, normas, costumes e hábitos são passíveis de transformações. A produção artesanal, portanto, não foge à regra. Passa por alterações, consequência de mudanças da vida cotidiana, que também está em uma condição constante de recriação.

Isso ocorre, principalmente, pela modificação da matéria-prima empregada na confecção de peças com o intuito de: suprir a falta de material não mais encontrado em território indígena; de proporcionar menor esforço físico ou, ainda, de contemplação estética. Mesmo em um intenso processo de contatos culturais com outros povos, indígenas e não indígenas, os objetos da cultura material continuam a expressar crenças e saberes, revelando representações simbólicas de cada grupo. E, afinal, de quem é a posse do artefato indígena? É daquele que o faz ou o utiliza? Ou é de quem necessita dele? Ao responder a tais questões, é preciso levar em consideração a experiência coletiva da sociedade indígena na produção de artefatos e não somente a experiência individual do fazer.

Ao presentear um objeto, o doador cria uma obrigação com o receptor que, então, passa a lhe devolver o presente. As doações, de caráter recíproco, possibilitam o estabelecimento de alianças, hospitalidades, proteções e assistências. A partir de tal constatação, Marcel Mauss (1872-1950), sociólogo e antropólogo francês, concebeu as sociedades "arcaicas" como "sociedades de reciprocidade", organizadas nos princípios social, político e econômico da produção; pois, para haver o dar, o receber e o trocar é preciso trabalho humano.

> ### DAR, RECEBER E TROCAR – A LEI DA RECIPROCIDADE
>
> Mauss é considerado o "pai" da Etnologia francesa, que visa a uma ação analítica e comparativa das culturas. Entre seus estudos, encontra-se *Ensaio sobre a dádiva: forma e razão da troca nas sociedades arcaicas*, escrito em 1925, em que faz uma análise da vida social com base na constância do dar, do receber e do trocar entre povos nativos. Para o etnólogo, a reciprocidade firmada entre membros de um mesmo grupo social tem caráter universal e sua prática – dar, receber e trocar – além de obrigatória, organiza-se de forma variável, a depender da sociedade. Nesse sentido, a dádiva consiste em retribuição e redistribuição de tributos, isto é, troca de bens (comestíveis e utilitários) e no fato de alguém ser possuidor de privilégios e obrigações.

Na organização social indígena, a aquisição do conhecimento é um ato coletivo, caracterizada por processos tradicionais de aprendizagem de tradições, saberes e costumes, passados de geração em geração, próprios de cada etnia. Assim, o fazer não necessariamente pressupõe um ato individual, mas consiste em uma ação que abrange a participação de muitas pessoas. Por isso, na maior parte das vezes, um determinado artefato não pertence exclusivamente a uma pessoa, mas à coletividade.

Os bens artesanais, confeccionados para prover necessidades imediatas, podem ser emprestados, trocados ou presenteados. Na maioria das sociedades indígenas, emprestar, trocar ou doar significa relacionar-se bem com os integrantes do próprio grupo social. Tais atitudes, portanto, consistem em uma maneira de conseguir um objeto em particular ou solidificar relações de afinidade. A prática de presentear é exercida por meio e sob a forma de partilha, constituindo-se em importante fator de coesão social, responsável pela movimentação de bens, serviços, convites e de outras coisas possíveis de circular. A esta modalidade de prática sociocultural, os antropólogos chamam de dádiva.

O ato da dádiva produz vínculos sociais de solidariedade, de compromisso e de reciprocidade que se manifestam nas diversas formas de trocas e prestações, tal qual uma regra que elege a obrigação de dar, receber e retribuir. Famílias se enlaçam por elos de produção e de consumo. Os principais bens, quando necessários à família indígena, são, de alguma forma, socializados por empréstimo, permuta ou cessão espontânea.

Geralmente, nas sociedades indígenas a chave para a compreensão da concepção de comércio está na ausência propositada do artefato, o que causa uma espécie de desequilíbrio nas relações interpessoais e intergrupais. Comercializar exprime confiar e, nesse sentido, quando ocorre entre partes distintas que mantêm uma relação de confiança, inexiste o conflito. A troca possibilita que as pessoas envolvidas se encontrem de novo; a manutenção do comércio solidifica o relacionamento e, principalmente para aqueles que vivem em aldeias distintas, faz com que os laços sociais sejam mantidos.

Viver em comunidade significa dar, trocar e emprestar. E mais: deve-se saber distinguir os objetos passíveis de transação, daqueles que possuem uma dimensão emblemática maior, vistos como continuidade da pessoa que os possui, não podendo ser inseridos no esquema de negócios. A troca e o empréstimo vão além da oportunidade de barganhar coisas, seja de que natureza for; é um mecanismo utilizado para obter apoio, quando laços de obrigações mútuas se tecem, e o objeto a ser permutado é envolvido por outros valores. Assim, a ideia de que o comércio se efetiva também para manter relações sociais está firmemente fixada em diversas sociedades indígenas.

A dádiva – aquilo que se dá – conduz à possibilidade de interdependência. Atinge dimensões políticas, à medida que é sentida como fundamento de toda a sociabilidade e comunicação existente entre os indivíduos e cumpre-se como constituição da vida social por um constante dar, receber e trocar. Nesse sentido, entende-se que presentear e emprestar leva à solidariedade e ao compromisso. Recusar um convite ou um presente é facilmente interpretado em comunidades indígenas como um rompimento de relações, podendo transformar-se, inclusive, em animosidade.

Em muitas sociedades indígenas não possuir uma diversidade de bens materiais, seja artesanal ou industrializada, consiste em estratégia para se reafirmar laços de obrigações mútuas entre os membros, quando o dar, o receber e o trocar têm múltiplas dimensões. Isso significa que as relações entre os indígenas possuem outras lógicas, para além daquelas comerciais e/ou que envolvam o uso de dinheiro, apreendidas no contato com os não índios. Assim sendo, a coerência da vida em sociedade aporta-se no empréstimo e/ou na dádiva e o lugar por excelência para a realização da vida indígena é a casa.

Palco de vivências de homens e mulheres, a casa reproduz costumes e tradições que indicam diferentes formas de se conceber a vida em família. Tais formas envolvem adaptações ecológicas e maneiras diferenciadas de apropriação e hierarquização da unidade habitada. Esse espaço marca as identidades de seus moradores, ainda que a aldeia e o território carreguem outros símbolos e saberes que, da mesma forma, contribuem para o conhecimento do dia a dia dos povos indígenas.

A casa para dormir

Os aspectos da vida social das aldeias podem ser o ponto de partida para uma visita guiada aos saberes relativos à cultura material indígena, a fim de se conhecer a organização social, política, econômica e religiosa e, assim, ter de imediato o conhecimento do que existe dentro e fora desse espaço. Um inventário de parte das peças componentes da cultura material indígena é aqui aberto com a casa. Sua descrição, como uma porta de entrada aos saberes relativos aos artefatos, se descerra para um caminho que conduz ao seu interior.

A casa, não somente denominada "oca" (palavra de origem tupi), porque possui designações específicas em cada uma das línguas faladas pelos diferentes grupos indígenas, permite conhecer a matéria-prima e a técnica empregadas em sua construção e, consequentemente, a morfologia das aldeias. Para se entender a complexidade de normas que envolvem a edificação de habitações indígenas, é necessário dispor de conhecimentos que privilegiam desde a escolha do local, a matéria-prima, o emprego da força de trabalho, a forma e até a tecnologia e seus processos específicos de construção.

A casa, que pode ser entendida como um grande cesto emborcado, exige procedimentos de escolha correta dos materiais – madeira, palha e cipó – e de tecnologias apropriadas. São saberes que os indígenas aprendem desde pequenos, inicialmente pela observação e ensinamentos dos mais velhos. Quando jovens, são capazes de construir suas próprias casas, mas a destreza chega somente com a idade adulta.

É o lugar seguro ao abrigo de sol, vento, frio e chuva. Também indica um dos espaços da ordem social indígena. Em seu interior, a família se dispõe de acordo com as regras estabelecidas por cada grupo. Nesse espaço, a fogueira ilumina ambientes, afugenta insetos, aquece corpos e cozinha alimentos. Conforme a cultura de cada sociedade indígena, a fogueira pode estar junto à rede, ao moquém para assar carnes, à esteira, ao banco, entre outros objetos, delimitando dimensões sociais.

A morada abriga, além da família, seus pertences. Diversos objetos podem ser avistados em seu interior. Redes, esteiras ou mesmo o chão, dependendo da sociedade indígena, indicam os leitos de dormir, enlaçados por normas de conduta estabelecidas pelo grupo. As redes, feitas com fibras vegetais (e, após o contato, também com algodão industrializado), consistem em um legado deixado pelos indígenas aos não índios e está entre os artefatos mais utilizados desde o século

XVI. Os lugares de dormir – o chão, a rede ou a esteira – consistem em um conjunto de circunstâncias encontrado nas normas de uso, pois encerra elementos atados à trama social tecida com fios que formam uma teia de valores culturais.

A casa é, também, o espaço ideal para o descanso e a folga do trabalho. Contudo, o ócio dos indígenas não significa deitar-se ou sentar-se e ficar sem atividade alguma. Indica comumente a realização de uma atividade menos fatigante, como a confecção de adornos corporais, cestos-cargueiros, instrumentos musicais, arcos e flechas. Diversas atividades da vida cotidiana dos Nambikuara, por exemplo, confundem-se com práticas lúdicas. Uma relação entre trabalho e lazer, diferente daquela encontrada no mundo não indígena, é percebida por quem vivencia o cotidiano na aldeia. Ambos se intercalam em uma combinação que se caracteriza por sentimentos de prazer e alegria.

Quando o sol se põe, o movimento da aldeia começa a diminuir e as famílias próximas ao fogo se preparam para o sono. Aquelas que não fazem uso de redes e esteiras forram o chão ou o tablado de madeiras justapostas com cobertores. O tempo que antecede o sono pode ser ocupado para contar e ouvir histórias de tempos antigos ou mesmo aquelas que aconteceram durante o dia. De modo geral, são os mais velhos que se encarregam de contar as histórias e de programar as atividades do dia seguinte.

Junto aos leitos de dormir encontram-se vários objetos de uso masculino e/ou feminino. Podem ser vistos alojados entre as palhas da cobertura da casa, presos aos cipós, no chão ou em mobiliários como, por exemplo, o moquém, quando fora de uso. Estantes, armários, mesas, cadeiras e camas já podem ser encontrados no interior de casas indígenas, dependendo do grau de contato com a sociedade não indígena. Torna-se comum que casas indígenas abriguem produtos industrializados e, quando a aldeia possui sistema de energia elétrica, objetos como televisão, geladeira, computador acham-se em meio aos artefatos. A rede, a esteira, o chão e a cama, destinados ao descanso, também servem para indicar as relações sociais dentro do espaço doméstico.

A posse de bens industrializados consiste em indicativo de novos estilos de vida contemporâneos. A inserção desses valores no cotidiano das aldeias não estremece as bases de códigos culturais que os identificam como indígenas. Preservar os saberes e as terras indígenas é, portanto, fundamental para a manutenção de conhecimentos milenares, conduzidos por tantas e tantas gerações, ainda que ressignificados e transformados de acordo com as necessidades e circunstâncias que vivem cada grupo.

Vulnerável à disponibilidade dos recursos naturais, o conjunto de objetos que compõe a cultura material indígena encontra-se associado à preservação da flora e da fauna, fornecedoras de matéria-prima. As relações estabelecidas entre índios e não índios ocasionam fortes pressões em decorrência da desigualdade do contato que também interfere na continuidade de saberes. Tais mudanças influem na mobilidade espacial dos índios em seu território tradicional, diminuindo as excursões prolongadas em busca de recursos naturais necessários à sobrevivência física e cultural, interferindo na aquisição dos saberes que propiciam.

Para diversas sociedades indígenas, o conjunto de artefatos domésticos, composto também por objetos industrializados, indica que muitos hábitos estão em mudança. A introdução dessas inovações dá-se com certa frequência quando os índios passam a usar produtos como ferramentas e roupas, o que desencadeia um vínculo de dependência que, paulatinamente, os enlaçam à economia de mercado. Esse enlaçamento, contudo, diferentemente do que muitas pessoas imaginam, não torna os indígenas "aculturados" ou "menos" índios: apenas reposicionam os grupos em intenso contato com os não índios em novas relações sociais.

O contato dos índios com a sociedade não indígena comprova que a memória dos mais velhos guarda as lembranças que receberam dos antepassados, dos tempos anteriores à chegada do metal, época de trabalho intenso, quando os homens, com utensílios de pedras e de ossos, sofriam para derrubar uma árvore. Com a introdução do machado de metal, o trabalho tornou-se mais produtivo, permitindo a redução do tempo gasto na abertura e no cultivo das roças. Passou-se, então, a trabalhar menos e a consumir mais, aumentando o tempo livre para outras atividades.

Desde os primeiros contatos com membros da sociedade não indígena, diferentes costumes foram observados pelos índios. Estes verificaram que possuíam uma tecnologia distinta da dos seus vizinhos e que, ao incorporá-la, de certa maneira, tornavam-se dependentes dela, já que a posse de determinados instrumentos e produtos industrializados passou a fazer parte do dia a dia das aldeias. Atualmente, muitos índios não imaginam uma vida cotidiana sem o usufruto da tecnologia industrial e sem as trocas e o comércio com os não índios.

Em muitas sociedades indígenas, a casa reproduz técnicas tradicionais transmitidas de geração em geração; em outras, mescla matérias-primas nativas a materiais industrializados; em outras, ainda, obedece a novos padrões oriundos de trocas culturais com não índios. Contudo, prevalecem as funções de abrigar e proteger seus moradores, pois é o lugar da segurança, do descanso, do trabalho, do lúdico e das relações sociais e sexuais. Em diversas casas indígenas, o local de defecar e de urinar, a que chamamos de banheiro, localiza-se afastado do lugar de dormir e de cozinhar.

Em muitas casas se cozinha também, mesmo que o espaço de entorno possa ser propício ao cozimento de alimentos, sobretudo em dias de calor ameno. Refeições variadas são preparadas de acordo com os ciclos da natureza: dos produtos da roça; da abundância de vegetais nativos, que vão das pimentas às frutas; da disponibilidade de insetos e de carnes de peixes e mamíferos. Alimentos industrializados podem ser encontrados nas casas e compõem os cardápios de muitos grupos indígenas contemporâneos. Os índios, portanto, se alimentam de boas histórias e de saborosas comidas, preparadas nas casas, geralmente, por hábeis mãos femininas.

A casa para cozinhar

O preparo e o cozimento dos alimentos podem ser feitos dentro da casa indígena, mesmo que essas funções, em determinados eventos, sejam executadas coletivamente no pátio da aldeia. Há uma variedade de utensílios e implementos destinados ao preparo, ao cozimento, à guarda e ao compartilhar dos alimentos, sejam eles sólidos, pastosos ou líquidos. Trempes, panelas, torradores e pratos de barro ou de alumínio, abanos, cestos, peneiras, escumadeiras, colheres, pás, cuias e recipientes de cabaça, pilões, entre outros, fazem parte do aparato artesanal destinado à produção e ao consumo alimentares.

Desde pequenas, as mulheres são educadas para serem responsáveis pela elaboração da maior parte dos objetos necessários ao preparo e ao consumo de refeições. A produção de artefatos para coleta, preparo, cozimento e serviço dos alimentos encontra-se inserida em uma ordem estabelecida pelo grupo social. Alguns lhes são entregues pelo próprio esposo, já que não cabe à mulher confeccioná-los. Na sua falta, podem ser emprestados pelas famílias possuidoras.

A variedade de pratos do cardápio é comum em todas as sociedades indígenas e compõe-se de iguarias que se constituem em refeições consumidas sem horário preestabelecido. A vontade de comer, seja para saciar a fome, celebrar algum acontecimento, tomar decisões ou estar juntos em família, marca os encontros indígenas como condição indispensável. Nessas ocasiões, inúmeros artefatos se fazem presentes: servidas em cuias de cabaça ou cuité, as bebidas à base de milho, batata doce ou de mandioca, ingredientes mais comuns, são armazenadas em grandes panelas de barro e/ou caldeirões de alumínio. Outros tubérculos como o cará, além de frutas, podem estar presentes nas refeições, acompanhados de mel de abelha e palmitos.

Tabus alimentares constituem cardápios específicos. Na sociedade nambikuara, por exemplo, a mãe, após o nascimento do filho, por tempo determinado, não deve ingerir carne de porco do mato; a carne de macaco, por ele ter boca grande, é evitada porque pode provocar choro no bebê; o tamanduá, a paca e a cutia também são proibidos, por possuírem grandes garras e unhas afiadas, pois, se ingeridos, causariam o retardo na cicatrização do umbigo do recém-nascido; a anta, de hábitos noturnos, não faz parte da dieta pós-parto: sua ingestão faria o bebê ficar acordado durante a noite; a carne do jacaré é desprezada, já que vive na água e isso encheria de líquido a barriga do bebê; o veado, que perambula pelo cerrado, não pode ser ingerido;

o cateto e o porco-do-mato também não, pois têm hábitos "sujos" e fariam a criança defecar muito.

Quando uma criança nambikuara nasce, o cordão umbilical deve ser amarrado com fibra de tucum. Por duas luas, os pais não devem ingerir carne de porco, e somente após a cicatrização do umbigo estão liberados para comer qualquer tipo de carne. Proibições alimentares também existem em outras sociedades indígenas durante a *couvade* (conjunto de interdições e ritos que um homem é obrigado a realizar durante a gravidez da mulher e logo após o nascimento da criança, abrangendo o tempo dedicado ao resguardo e ao descanso após o parto), cerimônias fúnebres ou de iniciação à puberdade feminina e masculina. Diferenças ocorrem de acordo com os costumes de cada povo e, em todas elas, os artefatos são imprescindíveis.

O luto é vivenciado de distintas maneiras entre as populações indígenas, e pode ser caracterizado por choro ritual, como entre os Deni (AM), ou por manifestações públicas de sofrimento e dor, a exemplo dos Kadiwéu (MS). O ritual funerário dos Bororo (MT), por exemplo, marca um momento que mescla a socialização de jovens e a manifestação de luto. Isso porque muitos deles são formalmente iniciados a partir desse evento. Por meio da participação em cantos, danças, caçadas e pescarias coletivas há a oportunidade de inserção dos mais novos nas tradições que marcam a cultura do povo Bororo.

Em muitas sociedades indígenas existem rituais de iniciação feminina e/ou masculina, em que os iniciantes são separados do convívio social e, assim, se submetem a um recolhimento. Depois de passar por tal situação, o índio (ou a índia) poderá voltar ao convívio social, transformado, tal como na "festa da moça", entre os Kadiwéu (MS), ritual de iniciação feminina. Tal ritual consiste no afastamento do convívio social da menina que menstrua pela primeira vez, momento em que será preparada para se apresentar à comunidade como mulher e, portanto, pronta para casar e engravidar.

Já o "ritual da tocandira" é um exemplo de cerimônia de iniciação feminina e masculina. Entre os Wayana (AP e PA; Guiana francesa e Suriname), esse ritual tem o objetivo de submeter crianças e jovens, de ambos os sexos, ao contato com formigas venenosas, em várias

Capítulo 2 **Cultura material e cultura imaterial** 53

partes do corpo. Os índios acreditam que as dolorosas ferroadas os tornariam mais resistentes às picadas de insetos peçonhentos, imunes a várias doenças, além de os deixar mais fortes e preparados para a vida adulta. De acordo com os mais velhos, essa fase exige indivíduos bem nutridos e aptos para o trabalho individual e, especialmente, o coletivo, entre os quais um dos mais importantes é a obtenção de mantimentos.

Alimentos também são provenientes da coleta de frutos, tubérculos e insetos. Nessa atividade, o emprego de cestos-cargueiros torna-se comum, principalmente para o armazenamento e transporte. No trabalho agrícola são utilizados diversos artefatos como paus de cavouco, machados de aço e, até mesmo, tratores, como é verificado atualmente em diversas sociedades indígenas. Da mesma forma, podem ser obtidos pela atividade da caça, pelo emprego de arcos e flechas, bordunas, armadilhas e espingardas. Carnes podem ser provenientes também da criação de gado e de pequenos e médios animais.

Os índios possuem um bom conhecimento em relação aos cursos d'água que cortam seus territórios. Para singrar os rios, alguns grupos indígenas usam embarcações talhadas em cascas de árvores ou barcos motorizados. Utilizam, ainda, lagoas, córregos e rios para a pesca de matrinchãs, pacus, traíras, piaus, jaus, pintados, lambaris, bagres, piauzinhos, entre outros. Pescam com rede, arpão, arco e flecha, armadilhas, anzol e linha de *nylon*. Muitos desses instrumentos são elaborados artesanalmente por mãos indígenas e o trabalho envolve, sobretudo, homens adultos, crianças e velhos, que compartilham entre si aprendizados e experiências.

A casa para o trabalho artesanal

O espaço de habitar pode ser reservado às práticas artesanais, mesmo que a área ao seu redor também seja utilizada para tal finalidade. Homens e mulheres, sejam adultos ou crianças, elaboram objetos destinados à execução de variadas atividades. No calendário dos indígenas não existe um tempo preestabelecido para o descanso ou para o ócio. Descansar muitas vezes vincula-se à produção de artefatos. Entre uma e outra atividade que requer maior esforço físico, é comum observar que homens indígenas utilizem o tempo livre para confeccionar adornos, cestos, entre outros, bem como para o restauro das cordas dos arcos e reparos diversos.

As mulheres aproveitam a ocasião em que não estão ocupadas com o trabalho doméstico para a coleta de produtos que vão servir tanto na confecção de artefatos como na preparação de alimentos. Em suas andanças por campos, roças e matas obtêm frutos, tubérculos e insetos (gafanhotos, formigas, larvas de marimbondo, etc.) adequados à dieta alimentar, além de matéria-prima destinada à fabricação de adornos corporais, utensílios e implementos para o conforto doméstico.

O espaço físico da casa indígena consiste em um "relicário" de saberes que em renovação constante aponta novas perspectivas ocupacionais que mesclam o laboral, o lúdico, o mítico e o cosmológico, na busca de resoluções de impasses com vistas ao bem-estar coletivo. Esse espaço, portanto, encontra-se em constante construção e impõe o desafio de conhecer o novo e de experimentar outras situações. Percebida como um elemento estratégico, a casa demonstra que lugares e memórias se fundem para descrever paisagens, refletindo processos distintos utilizados para conceber determinadas práticas.

A casa para o ritual

A casa pode se fundar no lugar reservado aos rituais que antecedem práticas agrícolas, cerimônias de cura e funerais (para aquelas sociedades que têm como prática o enterramento de seus parentes mortos no interior das casas, como os Tapirapé de Mato Grosso). Nessas circunstâncias, diversos objetos são responsáveis pelo conjunto de regras a ser observado durante tais manifestações. Festividades que têm as flautas como peças fundamentais para a realização de rituais têm nos instrumentos musicais sua razão de existir, uma vez que são entoados antes de se iniciar as práticas destinadas à aquisição de alimentos cultiváveis nas roças ou às caçadas. Determinadas cerimônias deixam de existir, por exemplo, pela ausência de artefatos ou por outros motivos relacionados ao histórico de contatos.

Os Kadiwéu, no passado, realizavam uma cerimônia chamada *EtoGo* (o navio), em que representavam os movimentos da tripulação de um navio de guerra tomado aos paraguaios pelos índios, durante a Guerra do Paraguai (1864-1870). Por ocasião da Conferência ECO-92, realizada no Rio de Janeiro, e da presença de uma antropóloga entre eles, refizeram uma cerimônia que há tempos não acontecia. Isso mostra a dinâmica cultural existente entre as populações indígenas contemporâneas, que experimentam diálogos entre o passado e o presente, com vistas a um futuro em que possam se transformar e continuar sendo índios.

O contato com os não índios trouxe, portanto, novas formas de se relacionar com o sagrado e o ritual. Cerimônias fúnebres, lutos, festas para marcar a passagem da infância para a fase adulta, além de outras manifestações, se transformaram ao longo do tempo e continuarão a sofrer transformações, seja por razões exógenas e/ou endógenas a cada grupo. Essas mudanças, contudo, não significam um abandono completo de modos de viver, sentir, crer e fazer, podendo representar adequações e acomodações ao novo, ao diferente, nem sempre melhor do que o antigo, o tradicional.

A CASA-TÚMULO

Estudos demonstram haver uma grande variedade de rituais de enterramento entre os povos indígenas. Cerimônias fúnebres podem ocorrer no interior da moradia, no pátio central ou nos arredores da aldeia. Entre os Umutina, habitantes da Terra Indígena Umutina (MT), o cerimonial de enterramento dava-se com a proteção do corpo do defunto com uma esteira de palha. Em seguida, era levado ao interior da casa onde morou, para ser enterrado. Durante o período de luto, seus familiares passavam a dormir sobre a sepultura, protegendo, dessa forma, as três almas do defunto, até que as mesmas encontrassem seus destinos. Após a morte, uma das almas encarnava em animais, revelados à comunidade por meio de sonhos. Os índios acreditavam que aves de estimação como jaburus, mutuns, jacus,

> gaviões, araras, entre outros, eram possuidores de almas de pa-
> rentes falecidos e, por isso, ao morrerem, costumavam rece-
> ber cerimoniais fúnebres semelhantes aos dos seres humanos.
> Anos depois, em busca de terras propícias à agricultura, a casa-
> túmulo era abandonada por seus moradores e transformava-se
> em cemitério. Atualmente, em muitas sociedades, as práticas de
> enterramento, baseadas em princípios cristãos, tomaram o lugar
> daquelas vinculadas aos costumes tradicionais.

Dependendo do grupo indígena, vê-se que a realização de certos rituais requer casas específicas, já que as normas estabelecidas por cada sociedade não permitem que sejam efetuados em casas de morar. Nesses casos, são construídas casas especialmente para fins religiosos e muitas são destruídas após o término das cerimônias. Os Kura-Bakairi, habitantes das Terras Indígenas Bakairi e Santana (MT), fazem uso de uma casa, *Kadoete*, para a confecção e guarda de máscaras, até que ao final do ritual *Yakuigade* possam ser jogadas no rio. Em algumas sociedades indígenas, a reclusão da menina-moça durante o período de iniciação à puberdade feminina, que se dá com o primeiro fluxo menstrual, ocorre no interior da própria casa, quando um ambiente específico é reservado para tal finalidade.

A cerimônia de perfuração do septo nasal de meninos nambikuara é condição para que a puberdade aconteça, pois faz com que cresçam rapidamente e se tornem adultos, prontos para o casamento. Por isso é importante que o ritual ocorra no momento propício, a fim de não prejudicar a formação dos corpos. Quando eles sentem muita dor, permanecem a maior parte do tempo deitados, recebendo atenção de familiares. São proibidos de comer animais como paca, cutia, rato-do-campo, porque estes são roedores e a alma dos animais poderia roer o orifício do septo nasal, provocando feridas e dificultando a cicatrização.

Em diversas sociedades indígenas, meninas são preparadas para inúmeros afazeres que executarão em futuro bem próximo, já que se casam geralmente na idade púbere, ao término da cerimônia de reclusão da menarca. Os Nambikuara acreditam que a reclusão da menina púbere é importante porque tem, em especial, a função de protegê-la dos espíritos maléficos que a cercam neste período, quando atrai seres sobrenaturais que lhe querem mal e, muitas vezes, a levariam à morte. A prática da clausura entre estes índios é uma obrigatoriedade, pois será nesse período que a menina-moça receberá os primeiros ensinamentos sobre a vida adulta de uma mulher.

Ao término das festividades, compostas por cantos, danças e muita comida, a menina, ao deixar a casa de reclusão, retorna à casa dos pais na companhia do marido, anteriormente escolhido. Sua casa de reclusão é, então, desmanchada ao clamor de muitas vozes de jovens e crianças que gritam de alegria; ao banhar-se, a tintura do urucum e do jenipapo das pinturas corporais da nubente se mistura às águas do rio; seu aro emplumado é cuidadosamente guardado para a próxima cerimônia de reclusão da puberdade feminina, quando será doado a outra menina. Verificamos, pois, que nem todos os artefatos indígenas, especialmente aqueles produzidos para fins cerimoniais, são descartáveis e/ou comercializáveis.

Arte ou artesanato: esclarecimentos necessários

A confecção e o emprego de artefatos indígenas encontram-se presentes em situações cotidianas e ritualísticas e, em ambos os casos, estão vinculados à fruição estética, isto é, desfrutam de uma criação artística ímpar, que tem também o caráter de atribuição identitária ao grupo indígena criador. Na confecção de artefatos, inclusive de casas, os índios fazem uso de variadas matérias-primas de origem animal, vegetal e mineral, encontradas em suas terras ou alhures. Contudo, com o intenso contato das sociedades indígenas com não indígenas, o emprego de materiais destinados à produção de bens vem passando por transformações constantes, seja por escassez, seja por maior conforto doméstico ou outros interesses.

Diversos grupos vêm substituindo a matéria-prima empregada na confecção de artefatos, especialmente aqueles destinados à comercialização. Fios de *nylon*, algodão industrializado, tiras e canutilhos de plásticos, entre outros, passaram a ser utilizados em técnicas de elaboração de inúmeros objetos. A antropóloga Lúcia Hussak van Velthem, por exemplo, informa que os índios Wayana-Aparaí (PA) estabelecem uma nítida distinção entre os artefatos feitos para venda, que chamam genericamente de "artesanato", e os confeccionados para uso próprio. Tal diferenciação faz com que os últimos continuem a ser produzidos segundo padrões tradicionais, muito embora peças consideradas trabalhosas estejam desaparecendo do repertório dos artesãos.

Mas não só isso: a venda acarreta para o artesão outra lógica, diferente daquela em que está inserido. Nesse caso, podemos dar o exemplo de um índio Xavante que, ao procurar a Loja Artíndia da Funai, em Cuiabá (MT), na década de 1990, para apresentar produtos que iria comercializar, mostrou apenas um pé de sandália trançada. Ao ser indagado pelo outro pé do calçado, respondeu que não havia feito porque o mesmo não seria usado para caminhar, mas para decorar paredes. O Xavante retornou à aldeia com o pé da sandália, sem conseguir comercializá-la.

Ao considerarmos os itens da cultura material destinados também à comercialização e, portanto, alguns deles produzidos em série, não nos afastamos da ideia de sua conservação para dentro da aldeia. Numa conjugação de interesses voltados à produção artesanal destinada ao próprio uso e à comercialização, os índios atentam-se às necessidades e às funções dos objetos na contemporaneidade. A produção e a circulação de artefatos, portanto, encontram-se inseridas em contextos culturais, espaciais e temporais que motivam os indígenas a produzirem bens artesanais. Nesse caso, é preciso salientar que nem todo objeto pertencente à cultura material carrega o cunho de "mercadoria", quando, ao sair da aldeia, encontra, por exemplo, visibilidade em museus, centros de memória e casas de cultura.

Nestes ambientes, os artefatos indígenas não escapam à reflexão acerca de seus sentidos e significados, já que a discussão leva a relações com aspectos imateriais, muitas vezes invisíveis aos olhos do observador. Cabe considerar que a organização de coleções para museus tem de estar nas mãos de profissionais qualificados, com fins de documentá-las e preservá-las de maneira adequada. O que queremos dizer é que os artefatos indígenas, na aldeia ou fora dela, vinculados a uma infinidade de saberes, refletem os papéis individual e coletivo e podem ser mais bem apreciados em exposições museológicas que se preocupem com sua contextualização.

Mesmo que a produção em série de artefatos indígenas implique uma representação que conduziria à descaracterização da "arte indígena", não se pode deixar de lado seu aspecto de guardiã de tradições, ainda que reinventadas. Estas, carregadas de saberes passados de geração em geração, provocam novos arranjos, num ato de atribuir outros significados ao artefato em contextos e tempos diferenciados. Em muitos casos, a função do bem material indígena consiste em uma importante habilidade de manter sinais destinados a distinguir marcadores identitários, mesmo que haja um intercâmbio entre povos indígenas geograficamente próximos.

O *MOITARÁ* DOS INDÍGENAS DO ALTO XINGU

O nome, de origem kamayurá, significa troca. O *moitará* é uma cerimônia praticada entre os índios do alto rio Xingu, da Terra Indígena Parque do Xingu (MT): Kamayurá, Wauja, Kalapalo, Kuikuro, Matipu, Nahukuá, Aweti, Mehinako e Trumai. O início da cerimônia é marcado por gritos de todos os componentes dos grupos indígenas reunidos na aldeia. Em seguida, inicia-se a troca de bens produzidos pelos próprios índios. Os Kamayurá, com arco, óleo de pequi e pimenta; os Wauja, com panelas de cerâmica; os Kalapalo, Kuikuro, Matipu e Nahukuá com colares de garras de onça e cintos de discos de caramujo; os Aweti e Mehinako, especialmente com sal extraído do aguapé, uma planta aquática flutuante. A cerimônia de troca pode ocorrer entre casas da mesma aldeia ou entre aldeias, neste caso, na estação seca. Mesmo que a posse dos objetos negociados seja individual, a troca é intermediada pelos chefes das aldeias. Os objetos levados para o *moitará* são trocados um a um, sob os olhos atentos dos presentes. Aquele a ser permutado é depositado no centro do pátio da aldeia e, em seguida, outro é colocado ao lado do primeiro, por um representante de outra etnia. A troca é consolidada quando o primeiro índio pegar o segundo objeto. Gritos de saudação encerram a primeira permuta. O *moitará* obedece determinadas normas: as trocas são permitidas apenas quando efetuadas por indivíduos do mesmo sexo e da mesma faixa etária. As trocas entre sexos opostos podem ocorrer somente quando envolverem marido e mulher. Quanto às mulheres, somente aquelas casadas com líderes de aldeias participam. Os bens levados ao pátio dividem-se em três categorias: superior, representada pelas grandes panelas, colares de caramujo, arcos pretos e canoas; a segunda categoria abrange os adornos plumários, cestas e pequenas panelas; na terceira estão os alimentos.

Se, por um lado, a produção artesanal em grandes quantidades vem, com o passar dos tempos, transformando o artefato indígena (ou mesmo aqueles que foram substituídos por similares industrializados), por outro, nas palavras da antropóloga Berta Ribeiro (1983, p. 25-26), tal produção "incentiva a transmissão de técnicas artesanais às novas gerações através de uma assistência especial aos artesãos mais destros, tornados professores de artesanato". É importante lembrar que, atualmente, a Lei n.º 9.605, de 12 de fevereiro de 1998 (Lei de Crimes Ambientais), proíbe a comercialização de artefatos indígenas oriundos de matérias-primas da fauna silvestre, tais como penas, ossos, dentes, conchas, sem o devido licenciamento.

Artefatos indígenas também têm aceitação fora da esfera museológica. Saem das aldeias para as mãos de compradores interessados em obter objetos para decorar suas casas, como o cesto e o arco e flecha, bem como adornos, a exemplo de colares de coco de tucum e pulseiras de cauda de tatu. Entretanto, é errôneo afirmar que há um grande número de produtos passíveis de venda. A expectativa do não indígena em relação aos objetos é extremamente reduzida e, por isso, não interfere na divisão tradicional do trabalho entre homens e mulheres.

Entre as sociedades indígenas no Brasil, é possível observar uma divisão sexual (masculino e feminino) e geracional (por faixa etária) do trabalho executado por membros do grupo. Há que se perceber, também, que pode haver uma relação entre a divisão sexual do trabalho e a divisão do trabalho por faixa etária. Na sociedade Sateré-Mawé (AM), por exemplo, as atividades mais simples que envolvem os cuidados com a produção do guaraná – que não dependem de tanta arte e experiência – podem ser executadas por mãos de diferentes idades. Contudo, ao se tratar de tarefas mais sofisticadas, haverá sempre pessoas adultas ou idosas cuidando do fabrico do guaraná.

Em outras sociedades, existem atividades que são exclusivamente masculinas ou femininas, além de haver aquelas que são comuns aos dois sexos. As crianças, desde muito pequenas, são estimuladas a aprender observando e tentando reproduzir o que os mais velhos fazem. Entre as mulheres Kadiwéu, de Mato Grosso do Sul, é comum que meninas jovens observem cuidadosamente suas mães e avós criando cerâmica a partir da argila e tentem imitá-las, a fim de aprenderem uma tarefa que entre aqueles índios é estritamente de mulheres.

A seleção de artefatos destinados à venda está também ligada aos interesses do comprador. Entre centenas de artefatos confeccionados, bancos, esteiras, cestos, adornos plumários, colares e pulseiras, arcos e flechas são, praticamente, as peças mais cobiçadas por compradores e turistas não indígenas. De acordo com a legislação brasileira, desde 2008, ficou proibida a venda de artefatos, para não índios, que contenham matéria-prima animal. Isso também obriga os indígenas a encontrarem outros materiais a fim de continuarem reproduzindo um repertório cultural transmitido há séculos.

Geralmente, os indígenas mostram-se extremamente cautelosos na escolha de artefatos para a comercialização. Pode-se dizer que aqueles que integram o campo do "sagrado" estão fora do âmbito comercial. Assim, diversos objetos como aqueles inseridos na categoria de instrumentos musicais, são exemplos de artefatos proibidos de serem levados para fora da aldeia com fins lucrativos. Os índios distinguem, portanto, artefatos "profanos" de "sagrados", estes últimos, envoltos em um manto espesso de mistérios e, por isso mesmo, podendo ocasionar sérios danos àquele que desobedecer às regras impostas pela ordem social.

Como afirmou Hoebel (1972, p. 217), "[...] o uso e significado de qualquer objeto dependem quase inteiramente de padrões de comportamento não materiais, e o objeto adquire seu verdadeiro sentido por esses padrões". Uma narigueira emplumada, por exemplo, pode ser entendida, fora da aldeia, unicamente como adorno masculino. Entretanto, na concepção dos Nambikuara, reveste-se de múltiplos significados, já que não se restringe à condição de enfeite facial, mas também propicia o encontro com seres sobrenaturais, habitantes da árvore celestial.

Os artefatos devem ser feitos com cuidado, e os artesãos, sejam homens ou mulheres, são lembrados pelo esmero do trabalho. Artefatos mal-elaborados são notados pela comunidade e seu dono passa a ser mal adjetivado por causa da negligência. O mesmo se dá em relação ao artefato que se destina à comercialização. Os índios têm conhecimento das exigências do mercado e, por isso, também procuram oferecer produtos bem-elaborados, quando reservam boa parte de seus dias para a execução das tarefas.

O aprendizado de técnicas, a manutenção do acervo de padrões decorativos, da noção de simetria/assimetria dos grafismos e a valorização da arte pela comunidade contribuem de forma decisiva para a preservação de estilos indígenas. Tais sociedades passam, há séculos, por processos de constantes mudanças em virtude do longo contato com a sociedade não indígena. Entretanto, ao ressignificarem tais transformações, os índios demonstram uma legítima forma de resistência quando utilizam a memória, acrescida de um forte sentimento de identidade étnica, para a preservação e valorização de suas artes.

Dessa forma, a arte nas sociedades indígenas não pode ser compreendida apenas sob uma perspectiva intraestética, pois ela pertence ao mesmo contexto de outras expressões do humano, como sugere o antropólogo Clifford Geertz. A nosso ver, o "artesanato" indígena pode ser, em muitos casos, mesmo quando feito de plástico ou de outros materiais industrializados, um caminho de manutenção de sinais da diferença e de marcadores identitários. Em outras palavras, um índio Bororo, por exemplo, ao adornar uma caneta esferográfica com plumas, continua a ser o que ele sempre foi e deseja continuar a ser.

A arte, nesse caso, serviria para ordenar e definir o universo que rodeia os indígenas, sendo parte integrante da função cognitiva global. De acordo com Van Velthem, "a abordagem desse tema nas culturas indígenas não se restringe [...] às estruturas, mas engloba os processos socioculturais que moldam a produção, o uso, o significado e a categorização das produções artísticas" (1994, p. 84). Afinal, a materialização de um modo de experiência que se manifesta visualmente por meio de pinturas corporais e/ou da confecção de artefatos permite aos membros da sociedade criadora olharem para si mesmos, enquanto olham para suas criações, conforme ensina Geertz.

Conclusão

A cultura material carrega um precioso conjunto de informações revelado por uma linguagem embutida em cada um dos artefatos, capaz de expressar manifestações presentes nos diversos segmentos das sociedades indígenas. A matéria-prima, as técnicas, o ambiente, a organização social e os conhecimentos mágicos e cosmológicos se revelam nos artefatos, armazenando em si e em situações correlatas, informações que dimensionam a cosmovisão indígena. Vista como mantenedora de identidades étnicas, a cultura material permite desvendar diversos segmentos da vida e, ainda, contribui para a manutenção do ser e dos saberes indígenas.

A cultura material indígena, formada por produtos que dizem respeito ao trabalho humano, é composta por vários itens. Estes se acham distribuídos em diversas categorias – cerâmicas, trançados, cordões e tecidos, adornos plumários, instrumentos musicais e de sinalização, armas, utensílios e implementos de madeira e outros materiais e objetos rituais, mágicos e lúdicos. Cada uma dessas categorias é formada por artefatos que se fazem presentes na casa de morar e de ritual, no pátio, na roça, nas atividades de pesca, de caça e de coleta de matérias-primas, frutos, insetos, tubérculos, plantas medicinais e utilitárias.

Corpo e peça se unem numa operação para imprimir uma forma que complementa indivíduo e objeto. É como se o artefato estivesse à espera de mãos e corpos para impingir-lhes vida, imprimir-lhes marcas. Consequentemente, torna-se capaz de fornecer informações que identificam o papel daquele que usufrui do objeto. A aldeia, local destinado à edificação de casas indígenas, é o principal espaço onde os artefatos são confeccionados e utilizados. A casa, o pátio e os entornos são palcos onde homens e mulheres desempenham o trabalho artesanal, quando cumprem uma de suas obrigações sociais. Deste espaço, trilhas em diversas direções emolduram e definem o cenário indispensável às inúmeras atividades que compõem a vida indígena.

Os caminhos que saem das aldeias conduzem os índios às atividades econômicas. Os artefatos destinados à troca, ao empréstimo e à dádiva atingem dimensões políticas, à medida que são entendidos como fundamentos de sociabilidade e comunicação existentes entre as pessoas, e cumprem-se como constituição da vida social por um constante dar, compartilhar e receber. Assim, diversos artefatos, quando necessários à família, são, de alguma forma, socializados por empréstimo, permuta ou cessão.

A vida indígena está calcada, portanto, numa construção em que se encontram integrados o profano, o sagrado, o simbólico e o sobrenatural. Nesse enlace, exercem mútua influência e alinham-se no conceito de cosmogonia. Suas práticas cotidianas são elaboradas com fios que, unidos, formam um único tecido, isto é, não se acham fragmentadas em sociais, econômicas, políticas e/ou religiosas. Simultâneas, as práticas cotidianas indígenas formam um conjunto de normas estabelecidas pela sociedade e estão vinculadas a uma dinâmica cultural específica à sua história.

A fruição estética entre os indígenas não está dissociada do uso cotidiano e ritual de objetos, mas a produção em série dos mesmos para o comércio aponta para discussões que podem ser feitas em sala de aula. A conservação e a exibição de objetos indígenas em museus e outros espaços exigem uma reflexão acerca do próprio sentido dos artefatos e dos contextos em que são confeccionados e utilizados. Discutir a cultura material indígena implica, necessariamente, perceber imbricações com os aspectos imateriais que escapam a olhos desatentos. É possível vincular ao material uma gama de saberes e sensibilidades experimentados tanto em nível individual como coletivo, seja dentro ou fora das aldeias.

Por tudo o que apresentamos neste capítulo, podemos dizer que as expressões "cultura material" e "cultura imaterial" andam de mãos dadas. Em outras palavras, todo artefato (matéria produzida) tem sua dimensão simbólica (representações, sentidos e significados a ele atribuídos). Para a compreensão das culturas indígenas, é importante notar não apenas o que os olhos veem, mas também tudo aquilo que escapa à primeira vista e que pode estar vivo e pulsante em determinada comunidade. Significa, "enxergar" maneiras diferentes de sentir, crer e viver, além de fazer, em um mundo de intensos contatos entre índios e não índios e aceleradas transformações para ambos.

Referências

AYTAI, Desidério. Um mito Nambikuara: a origem das plantas úteis. *Publicações do Museu Municipal de Paulínia*, Paulínia, v. 1, n. 6, p. 4-9, 1977.

CASTRO, Esther de; VIDAL, Lux Boelitz. O Museu dos Povos Indígenas do Oiapoque: um lugar de produção, conservação e divulgação da cultura. In: LOPES DA SILVA, Aracy; FERREIRA, Mariana Kawall Leal (Orgs.). *Práticas pedagógicas na escola indígena*. São Paulo: Global, 2001. p. 269-286. (Série Antropologia e Educação).

COSTA, Anna Maria Ribeiro Fernandes Moreira da. *Wanintesu: um construtor do mundo Nambiquara*. Recife: UFPE, 2010. 612 p. (Coleção Teses e Dissertações, 32).

BOAS, Franz. *Primitive Art*. Nova York: Dover, 1955. 376 p.

GEERTZ, Clifford. A arte como um sistema cultural. In: GEERTZ, Clifford. *O saber local: novos ensaios em antropologia interpretativa*. 5. ed. Trad. Vera Mello Joscelyne. Petrópolis: Vozes, 2002. p. 142-181.

HOEBEL, E. Adamson. A natureza da cultura. In: SHAPIRO, Harry L. (Org.). *Homem, cultura e sociedade*. 2. ed. Trad. G. Robert Coaracy e Joanna E. Coaracy. Rio de Janeiro: Fundo de Cultura, 1972. p. 208-222. (Estante de Sociologia).

JUNQUEIRA, Carmen. Dinâmica cultural. *Revista de Estudos e Pesquisas*, Brasília, Funai/Cgep/Cgdoc, v. 1, n. 1, p. 237-259, 2004.

LAGROU, Els. *Arte indígena no Brasil: agência, alteridade e relação*. Belo Horizonte: C/Arte, 2009. 127 p.

MARTINS, Alberto; KOK, Glória. *Roteiros visuais no Brasil: artes indígenas*. São Paulo: Claro Enigma, 2014. 87 p.

MAUSS, Marcel. Ensaio sobre as variações sazonais das sociedades esquimós. Estudo de morfologia social. In: MAUSS, Marcel. *Sociologia e antropologia*. Trad. Paulo Neves. São Paulo: Cosac Naify, 2003. p. 425-505.

NOVAES, Sylvia Caiuby (Org.). *Habitações indígenas*. São Paulo: Nobel/Edusp, 1983. 196 p.

OLIVEIRA, João Pacheco de. A refundação do Museu Maguta: etnografia de um protagonismo indígena. In: MAGALHÃES, Aline Montenegro; BEZERRA, Rafael Zamorano. *Coleções e colecionadores: a polissemia das práticas*. Rio de Janeiro: Museu Histórico Nacional, 2012. p. 201-218.

RIBEIRO, Berta G. Artesanato indígena: para que, para quem? In: MEC. SECRETARIA DE CULTURA. *O artesão tradicional e seu papel na sociedade contemporânea*. Rio de Janeiro: Funarte/Instituto Nacional do Livro, 1983. p. 11-28.

RIBEIRO, Berta G. *Arte indígena, linguagem visual*. Belo Horizonte: Itatiaia; São Paulo: Edusp, 1989. 189 p.

VAN VELTHEM, Lúcia Hussak. Arte indígena: referentes sociais e cosmológicos. In: GRUPIONI, Luís Donisete B. (Org.). *Índios no Brasil*. Brasília: MEC, 1994. p. 83-92.

VAN VELTHEM, Lúcia Hussak. Equipamento doméstico e de trabalho. In: RIBEIRO, Berta G. (Org.). *Suma etnológica brasileira. 2. Tecnologia indígena*. Petrópolis: Vozes, 1986. p. 95-108.

VIDAL, Lux; LOPES DA SILVA, Aracy. O sistema de objetos nas sociedades indígenas: arte e cultura material. In: LOPES DA SILVA, Aracy; GRUPIONI, Luís Donisete Benzi (Orgs.). *A temática indígena na escola: novos subsídios para professores de 1º e 2º graus*. Brasília: MEC/Mari/Unesco, 1995. p. 368-402.

CAPÍTULO 3

A LEI N.º 11.645/2008 E A INSERÇÃO DA TEMÁTICA INDÍGENA NA EDUCAÇÃO BÁSICA

Introdução

Em março de 2008 foi sancionada pela Presidência da República a Lei n.º 11.645 que tornou obrigatória a inclusão de conteúdos de histórias e culturas das populações indígenas (e também das afro-brasileiras e africanas) para alunos dos Ensinos Fundamental e Médio, de escolas públicas e particulares do país. Desde então, a medida vem sendo adotada de forma gradual nas escolas, sem que haja a necessidade de mudanças drásticas nas matrizes curriculares, uma vez que não se criou novas disciplinas.

O ensino das histórias e das culturas das populações indígenas, assim como afro-brasileiras e africanas, deve, pois, transversalizar os conteúdos já abordados em disciplinas como História, Artes e Literatura. Espera-se que com essa medida – além de outras – seja revertido, paulatinamente, um quadro sombrio de desconhecimento a respeito da presença de sociedades que há muito vivem nos atuais territórios americano e brasileiro e que sobreviveram física e culturalmente através dos tempos, lutando, inclusive, contra o próprio extermínio.

Como dito anteriormente, a promulgação da lei de 2008 tornou o ensino de história e culturas indígenas obrigatório na Educação Básica, especialmente em alguns componentes curriculares tais como História. Contudo, muitos professores se queixam que não tiveram acesso a essa temática em seus cursos superiores de licenciatura e temem reproduzir imagens estereotipadas e preconceitos por falta de material pedagógico de qualidade. A Lei n.º 11.645/2008 exige que professores e alunos da Educação Básica no Brasil conheçam, reconheçam, aprendam, valorizem e divulguem a história e as culturas indígenas, mobilizando distintos conteúdos dos diversos componentes escolares. A questão que se faz urgentemente ser respondida é: como realizar tal empreendimento se por muito tempo os índios se fizeram presentes no ambiente escolar apenas no mês de abril, quando se comemora o "Dia do Índio", no dia 19? Aliás, muitos sequer sabem por que essa data é dedicada aos indígenas.

Invariavelmente, professores e alunos se veem envolvidos em atividades que reproduzem estereótipos e pouco acrescentam à formação de crianças e jovens, que continuam a ver os indígenas como aqueles que andam nus ou apenas vestem tangas, possuem colares e cocares, falam línguas estranhas e estão distantes do "grau de civilização" dos não índios. Tais ideias equivocadas ensinaram a não índios de todos os cantos do país, por exemplo, que "índio é coisa do passado" ou que nossos contemporâneos indígenas já não seriam mais "índios de verdade". Isso quando desconsideram que os indígenas possam ter acesso à tecnologia industrial e a objetos da cultura material que até pouco tempo atrás não faziam parte de suas culturas e, tampouco, de suas tradições, rotulando-os como "menos índios" ou "aculturados". Pensar na transversalização de conteúdos nas diferentes disciplinas da Educação Básica, portanto, requer que os professores tenham clareza de que a escola brasileira de forma geral foi, durante muito tempo, promotora de ideias preconceituosas e de atitudes discriminatórias contra negros, indígenas e outros grupos étnicos (José Da Silva; Meireles, 2017).

UMA CRÍTICA ÀS TEORIAS DE ACULTURAÇÃO

No Brasil, as teorias de aculturação, muito em voga até os anos 1970, preconizavam uma gradual assimilação dos indígenas à sociedade brasileira, por meio de um processo de perdas e a transformação (ou transfiguração, como diria Darcy Ribeiro)

> do índio em um ser "aculturado", ou seja, alguém que teria deixado de ser índio, sem ter atingido outro *status*. O principal problema dessas teorias, ainda correntes em meio acadêmico e, principalmente, disseminadas no senso comum, é desconsiderar que os indígenas, ao absorverem elementos da cultura material/imaterial de outros povos, transformam-nos à sua maneira e não obedecendo a regras e leis que os tornariam "menos índios". Isso significa que há quatro décadas a Antropologia tem refutado tais teorias e nos ensinado que mais importante do que perguntarmos o que a escola, a escrita, as religiões, etc., farão com os índios, é professores e alunos perguntarem-se o que os indígenas são capazes de fazer com tudo aquilo que adveio do contato com os não índios.

Sabemos que uma lei, por si só, não é capaz de mudar o estado de coisas, o *status quo* de uma sociedade. Entretanto, devemos reconhecer que sua existência enseja reflexões que podem provocar modificações na realidade de inúmeras escolas Brasil afora. No que diz respeito à Lei n.º 11.645/2008, o fato de se questionar o mês de abril como sendo o único do ano em que se pode falar de índios, por causa do dia 19 (data sobre a qual adiante apresentamos algumas reflexões), põe em xeque todo um conjunto de rituais pedagógicos que há anos é executado junto aos alunos da Educação Básica. Tais rituais condenam as histórias e as culturas indígenas a serem tratadas de forma folclórica, com exotismo e desarticuladas dos avanços propostos por estudos e pesquisas em História dos Índios nas últimas décadas. Além disso, a possibilidade de transversalização de conteúdos das mais diferentes disciplinas pode despertar em professores e alunos o desejo pelo conhecimento das ancestralidades indígenas que vem sendo negado há muito tempo dentro e fora das escolas.

Como veremos, essa lei é o resultado de muitas lutas dos movimentos sociais, de indígenas, indigenistas e de outros segmentos que apoiam/apoiaram as causas desses grupos, marginalizados e excluídos desde os tempos coloniais. A Constituição Federal de 1988, a chamada "Constituição Cidadã" (ver Capítulo 4 neste livro) deu importantes passos na direção de se compreender de forma holística a sociedade brasileira, com uma formação etno-histórica plural e heterogênea. Aliás, uma das possibilidades é justamente explorar a heterogeneidade das turmas na Educação Básica, formadas muitas vezes por crianças e jovens oriundos de famílias cujas origens apontam para a diversidade etnorracial formadora da população brasileira: indígenas, negros e migrantes procedentes de diferentes regiões do país e do mundo.

> ## DISTINÇÃO ENTRE MOVIMENTOS INDÍGENAS E INDIGENISTAS
>
> Quando falamos em movimentos indígenas, estamos nos referindo àqueles cujos protagonistas são os próprios índios, seja por meio de associações, representações políticas ou ainda a realização de assembleias e a elaboração de documentos que partem de uma vontade expressa diretamente pelas coletividades indígenas. Já os movimentos indigenistas são formados pelos apoiadores dos índios, que podem ser antropólogos, historiadores e outros cientistas sociais, além de ativistas. Uma política indigenista, ou seja, uma política voltada para as populações indígenas deve ser entendida, nesse contexto, como um conjunto de ideias, práticas, programas e projetos políticos dirigidos aos indígenas.

Assim, é praticamente impossível nos referirmos à Lei n.º 11.645/2008 sem buscarmos compreender as raízes históricas dos movimentos indígenas e indigenistas. Em outras palavras, leis não brotam espontaneamente e nem mesmo são frutos do acaso, sendo, muitas vezes o resultado de uma trajetória histórica realizada com grandes dificuldades. Por essa razão, necessário se faz pensar como, desde a Proclamação da República no Brasil, em 1889, a temática indígena vem sendo tratada. Mais que isso: é importante pensar como no Brasil a histórica presença de populações indígenas em terras americanas tem sido marcada pela exclusão, pela marginalização e pelo apagamento das identidades étnicas de distintos grupos humanos. Essa contextualização nos permite compreender por que não bastam apenas boas leis para que a realidade seja transformada.

Capítulo 3 A lei n.º 11.645/2008 e a inserção da temática indígena na Educação Básica

O presente capítulo apresenta os percursos históricos das relações entre as populações indígenas e o Estado no Brasil, focalizando especialmente o período republicano. Dessa forma, pretendemos compreender as dificuldades em se lidar com a temática, dentro e fora das escolas, verificando o processo que desembocou na promulgação da Lei n.º 11.645 e seus posteriores e atuais desdobramentos. Da criação do Serviço de Proteção aos Índios (SPI), em 1910, às conquistas constitucionais de 1988, revisitamos momentos que nos parecem cruciais para a compreensão de como as populações indígenas foram transformadas em "questão", em um "problema" a ser resolvido pelo Estado. Ao mesmo tempo, cremos ser importante perceber como nas escolas as comemorações do 19 de abril alimentaram preconceitos e estereótipos sobre os indígenas.

Para viabilizar nossa proposta, iniciamos o presente capítulo com uma discussão sobre a promoção das culturas pela paz. Isso porque é impossível dissociarmos a chamada cultura escolar da vida em sociedade e dos fluxos culturais que atravessam e marcam as vidas de alunos e professores. Mais do que tolerância, exige-se respeito pelas culturas e histórias indígenas, bem como um conhecimento aprofundado das trajetórias temporais e espaciais desses povos, que contribuíram de forma inestimável para a formação de quem fomos/somos/seremos.

"Culturas da paz, Culturas pela paz"

Culturas da paz, culturas pela paz: este é um princípio que percorreremos juntos, ao longo das páginas deste livro. "Culturas" no plural nos remete à diversidade cultural existente no Brasil, mais diretamente em referência às populações indígenas de ontem e de hoje; "paz" expressa nosso comprometimento com a prevenção e a resolução de conflitos, sem o uso de atitudes e/ou palavras violentas. Ambos os termos estão alicerçados no respeito, na solidariedade, nos direitos individuais/coletivos e na pluralidade cultural. A ideia é inspirada em "Cultura de Paz", campanha criada oficialmente em 1999, quando a Organização das Nações Unidas para a Educação, a Ciência e a Cultura (Unesco), uma agência da Organização das Nações Unidas (ONU), com sede em Paris, França, incluiu entre seus propósitos a construção da paz e da segurança mundiais.

Assim, os mais de duzentos países-membros estão também comprometidos com o combate ao desrespeito aos direitos humanos, a todas as formas de discriminação e intolerância, exclusão social, degradação ambiental, além da extrema pobreza. Nessa busca, conscientizar, educar e prevenir são os caminhos traçados pela organização que, desde sua fundação em 16 de novembro de 1945, vem envidando esforços para atingir os objetivos propostos por um mundo humano e solidário.

O ano de 1945 foi marcante para a história da humanidade, pois diz respeito ao fim da Segunda Guerra Mundial (1939-1945), que deixou a Europa em ruínas e um mundo dividido em blocos de poder político e socioeconômico. O conflito se encerrou com a capitulação dos países do Eixo (Alemanha, Itália e Japão), que perderam a guerra e assinaram uma convenção que determinou que os chefes militares daqueles países entregassem aos Aliados (EUA, URSS, França e Inglaterra) as tropas sob seu comando, num ato de rendição incondicional.

Encerrado definitivamente o conflito, considerado o mais letal da humanidade, o saldo foi drástico: entre 50 e 70 milhões de pessoas foram mortas e dezenas de países devastados. Esse cenário levou a comunidade internacional a pensar na manutenção da paz entre as nações. Nesse sentido, pode-se dizer que a criação da ONU foi um passo importante no processo de institucionalização de políticas de diálogo comprometidas com a paz nos diferentes continentes. Seu propósito é discutir a vida de todos os habitantes do planeta no âmbito dos direitos humanos, da paz e da segurança mundiais.

Em sua sede central (Nova York, Estados Unidos), a ONU possui dois painéis do pintor Candido Portinari (Brodowski, SP, 1903 – Rio de Janeiro, RJ, 1962), intitulados *Guerra e Paz*, presenteados pelo governo brasileiro. Em 1956, esses painéis, ambos com 14 m de altura e 10 m de largura, foram expostos pela primeira vez no edifício-sede da organização: o painel *Guerra*, que estampa o sofrimento e a dor, é

Capítulo 3 A lei n.º 11.645/2008 e a inserção da temática indígena na Educação Básica

o primeiro a ser avistado e está localizado no salão que conduz à sala das assembleias; *Paz* é um apelo à valorização da afeição, do trabalho, do lúdico e pode ser apreciado do lado externo dessa mesma sala, quando chefes de Estado deixam as reuniões e descem as escadarias em direção à saída.

A escolha de suas localizações não foi gratuita. A intenção é a de que antes das reuniões os dirigentes dos países-membros lembrem-se dos horrores da guerra e, sob o impacto das imagens ali presentes, espera-se que negociem e articulem soluções compromissadas com os caminhos condutores da paz. Nesse sentido, cabe ao professor partir do princípio de que a escola também se compromete com a reprodução de procedimentos e atitudes que contribuam com a construção da paz.

Da criação da ONU até os dias de hoje, passados 70 anos, o mundo vem testemunhando uma série de guerras e atos de violência em diferentes partes do planeta. Pode-se perguntar, então, para que serve a organização e se seus propósitos são, de alguma forma, levados realmente a sério por autoridades e dirigentes políticos. Ocorre que há dificuldades de inúmeras ordens a serem enfrentadas para se levar adiante a proposta de "Cultura de Paz". Há, por exemplo, a questão dos interesses econômicos dos países chamados "desenvolvidos", que muitas vezes se escondem sob preconceitos contra povos outrora colo-nizados. A Guerra do Vietnã (1955-1975), entre outras, é um exemplo das dificuldades em se manter um diálogo de paz entre os distintos povos do planeta.

A princípio, a ONU e a Unesco nos dão a impressão de estarem distantes da vida dos cidadãos comuns. Entretanto, a ideia de "Cultura de Paz" encontra-se imbricada em diversos documentos, estes sim mais próximos dos cidadãos, estejam nos Estados Unidos da América, no Brasil ou em qualquer outro país do mundo. No que se refere à temática tratada neste livro, vale lembrar: a atual Constituição Federativa do Brasil, de que trataremos em capítulo específico, é um exemplo dessa imbricação. Pode-se verificar no texto constitucional que os propósitos de "Cultura de Paz" estão expressos em vários artigos que colocam em evidência a existência e a garantia de direitos a todos os cidadãos brasileiros, incluídos os afrodescendentes e os indígenas.

A legislação a respeito dos indígenas avançou muito no Brasil nas últimas décadas, afastando-se das premissas do antigo SPI, que visava a "integrar" os indígenas "progressiva e harmoniosamente, à comunhão nacional", bem como "assimilar" as populações indígenas à sociedade não indígena. Apesar disso, a criação de um órgão indigenista oficial no país, no início do século XX, representou considerável progresso em relação às políticas postas em prática durante a Colônia (1500-1815), o Reino (1815-1822) e o Império (1822-1889) no que diz respeito às formas de relacionamento do Estado com os até então chamados "silvícolas".

Os indígenas e a República: o SPI

Após a chamada Proclamação da República, ocorrida em 15 de novembro de 1889, o Estado brasileiro iniciou um processo de laicização da vida pública, o que significou o afastamento da Igreja (notadamente da Igreja Católica Apostólica Romana) do gerenciamento de ações relacionadas às presenças indígenas no país. Desde então, estas passaram a ser tratadas como uma "questão", um "problema" a ser resolvido ou ajustado por agentes governamentais. O afastamento da Igreja, contudo, não ocorreu de uma hora para outra. Durante todo o século XX, houve a presença de muitas missões religiosas de diferentes denominações junto aos índios. Apenas para exemplificar, lembramos o caso dos salesianos entre os Bororo, do Estado de Mato Grosso, que mantêm contato com este povo desde o final do século XIX.

MISSÕES CATÓLICAS E PROTESTANTES ENTRE OS ÍNDIOS BRASILEIROS

A presença da Igreja Católica se fez com força entre os povos indígenas no Brasil, desde os primórdios da colonização portuguesa. Lembremos aqui, brevemente, dos jesuítas que estiveram no comando de missões e aldeamentos indígenas até sua expulsão das Américas no século XVIII. Outras denominações religiosas católicas, tais como os capuchinhos e os franciscanos, tiveram

Capítulo 3 A lei n.º 11.645/2008 e a inserção da temática indígena na Educação Básica **75**

> papel de destaque na catequização de indígenas ao longo do período imperial e no início do republicano. No decorrer do século XX, as populações indígenas no Brasil passaram a conviver, também, com missionários cristãos protestantes, que se introduziram em aldeias e povoações indígenas com o intuito de levar a "Palavra de Deus" aos índios. Hoje, muitas sociedades indígenas convivem com a presença de diferentes denominações religiosas em suas terras e possuem trechos da Bíblia, notadamente o chamado Novo Testamento, traduzidos para os seus idiomas próprios por missionários não indígenas. Decorrente de todo esse contato, é possível encontrar em diversas aldeias, nos dias de hoje, índios pastores e missionários!

A ideia de que o Estado deveria responder pelos indígenas ensejou a criação do SPI, em 1910, sob a inspiração de ideais positivistas e organizado pelo então major Cândido Mariano da Silva Rondon.

No século XIX, o Positivismo fez-se valer no debate político do país, uma vez que a forma republicana federativa presidencialista de governo foi instalada sob sua égide teórica. Derrubada a monarquia do Império do Brasil que pôs fim ao reinado de D. Pedro II, a República, prescrita com o lema "Ordem e Progresso" estampado na bandeira, anunciou os ideais sociais e políticos positivistas inspirados em Auguste Comte. Instauradas na premissa de impingir uma nova ordem à sociedade brasileira, as Forças Armadas assumiram um papel preponderante neste movimento.

Assim, o 15 de novembro pode ser entendido como um vértice do Positivismo no Brasil, em razão da grande quantidade de seguidores das ideias de Comte que assumiram importantes postos no novo regime. Entre as influências do Positivismo na organização da República brasileira podem ser citadas: a separação entre Igreja e Estado, o estabelecimento do casamento civil, o exercício das liberdades religiosa e profissional, o fim do anonimato na imprensa, a revogação de medidas clericais e a reforma educacional.

Inspirados na filosofia positivista, os primeiros anos do Brasil republicano foram construídos por várias medidas governamentais que também influenciaram a política indigenista. Em 1890, Rondon passou a compor a Comissão Construtora de Linhas Telegráficas, para ligar Cuiabá ao Araguaia, com a preocupação de incorporar regiões do Brasil até então consideradas "isoladas" e integrar as populações indígenas. Entre 1907 e 1915, chefiou a Comissão de Linhas Telegráficas Estratégicas do Mato Grosso ao Amazonas, posteriormente conhecida como "Comissão Rondon". O primeiro desafio consistiu em aproximar, pelo telégrafo, as regiões do Acre, Alto Purus e Alto Juruá, então recém-adquiridas pelo Brasil, após negociações com a Bolívia.

O trabalho de Rondon à frente da Comissão de Linhas Telegráficas possibilitou, em 1908, o envio de uma proposta ao governo brasileiro que evidenciou a necessidade de se criar um órgão indigenista oficial. Com o propósito de estabelecer uma convivência isenta de conflitos entre os povos indígenas e os não índios e que também pudesse garantir a sobrevivência física dos primeiros, a equipe de Rondon entendeu que a solução seria incentivar os indígenas a adotar, gradualmente, hábitos não indígenas. Para isso, foram tomadas medidas no sentido de: influir de forma pacífica no cotidiano indígena; contribuir para o povoamento do interior do país; fixar os índios à terra para possibilitar o acesso e a produção de bens econômicos em seus territórios; empregar a mão de obra indígena no incremento da produção agrícola; encorajar ações cívicas e o sentimento indígena de "integração" à nação brasileira.

Nesse aspecto, sob a égide da Primeira República no Brasil, foi, então, instituído em 20 de junho de 1910, pelo Decreto n.º 8.072, o Serviço de Proteção aos Índios e Localização de Trabalhadores Nacionais (SPILTN), com o objetivo de prestar assistência aos indígenas em todo o território nacional. A criação do órgão instituía a assistência leiga e tentava afastar a Igreja Católica da catequese dos índios. Para tanto, foram empregados métodos e técnicas educacionais que pudessem controlar a adoção de mecanismos de nacionalização dos povos indígenas. O SPILTN surgiu vinculado a uma seção do Ministério da Agricultura, na gestão do presidente Nilo Peçanha (1909-1910) e, a partir de 1918, passou a ser denominado apenas Serviço de Proteção

Capítulo 3 A lei n.º 11.645/2008 e a inserção da temática indígena na Educação Básica

aos Índios (SPI), desvinculado da seção de Localização de Trabalhadores Nacionais.

Isso porque, embora o órgão indigenista oficial tivesse como premissa transformar indígenas em trabalhadores "civilizados", uma reforma administrativa no governo federal, ocorrida no final da década de 1910, retirou-lhe a atribuição de localizar trabalhadores não indígenas nos chamados "sertões" do país. A partir de então, caberia ao SPI, exclusivamente, estabelecer relações de caráter laico com as populações indígenas, formando quadros do que viriam a ser chamados de "indigenistas" profissionais e aplicando uma ideologia de caráter positivista ortodoxo.

O SPI propunha certa ideia de "transitoriedade", pois caberia à política indigenista adotada "civilizar" os índios, transformando-os gradativamente em trabalhadores. O órgão indigenista contou com os trabalhos da Comissão Construtora de Linhas Telegráficas que ligaria Mato Grosso ao Amazonas, momento em que o nome de Cândido Mariano da Silva Rondon, seu primeiro diretor, destacou-se no cenário nacional, inclusive ao participar das discussões referentes à "capacidade ou não de evolução dos povos indígenas". Como será visto a seguir, a criação do SPI trouxe significativas transformações no tratamento da situação indígena no Brasil. Entre elas, destacava-se a preocupação em adequá-la aos interesses da República que recentemente se instaurara.

DIFERENTES IDEIAS SOBRE COMO TRATAR OS ÍNDIOS NO INÍCIO DO SÉCULO XX

Uma polêmica dominou os debates sobre o destino das populações indígenas no início do século XX no Brasil. Tratava-se das posições defendidas por Hermann Friedrich Albrecht von Ihering, diretor do Museu Paulista, médico, professor e ornitólogo de origem alemã. Ihering publicou vários estudos antropológicos e arqueológicos, especialmente sobre o Sul do Brasil, e é particularmente lembrado por suas ideias extremistas sobre a "questão" indígena, quando chegou a sugerir a respeito dos

> Kaingang que viviam no interior de São Paulo que, sendo um "empecilho" para a colonização dos "sertões", deveriam ser exterminados. Tais posições foram duramente combatidas por Rondon e seus seguidores, reunidos no SPI, adeptos de ideais de integração e assimilação.

A tarefa imediata a ser realizada pelo SPI seria a de contatar aqueles grupos que haviam resistido à invasão de seus territórios, evitando o extermínio, bem como punindo os que praticavam atos contra indígenas. A experiência da Comissão de Linhas Telegráficas, bem como o fato de a maioria dos funcionários do órgão ser militar, orientou os trabalhos chamados em conjunto de "pacificação". Sob o lema "Morrer se preciso for, matar nunca", Cândido Rondon e seus homens, influenciados pelos ideais republicanos e positivistas, entraram em contato com os Bororo, Nambikuara, Kaingang, entre outros, que na visão de muitos não índios, na época, "atravancavam o progresso do país".

Os setores do governo republicano mais conservadores desejavam que o SPI fosse apenas um órgão burocrático, para atender aos interesses de setores oligárquicos, mas na prática o que ocorreu foi diferente. Houve uma atuação decisiva na defesa dos povos indígenas, ainda que os primeiros contatos com alguns grupos tenham apresentado graves problemas, como a dizimação de inúmeros indígenas por doenças para as quais seus corpos não apresentavam resistência.

A GRAFIA DOS NOMES DAS POPULAÇÕES INDÍGENAS

Embora atualmente não haja um consenso sobre o seu uso entre os antropólogos, utilizamos ao longo do texto as regras contidas na "Convenção para a grafia dos nomes tribais", de 1953, da Associação Brasileira de Antropologia (ABA). Nessa Convenção ficou determinado, entre outras coisas, que os nomes das populações indígenas não possuem flexão de gênero nem tampouco de número, o que significa que sempre que falamos de determinada sociedade nos referimos, por exemplo, a "os Kaingang" ou a "os

Guarani". Há, ainda, o uso de letras como K, W e Y e também a utilização de maiúscula na primeira letra para a designação do grupo étnico.

O tema do nacionalismo foi um dos mais debatidos pela intelectualidade brasileira da chamada República Velha (1889-1930), em um momento de modernização do país, ou pelo menos em parte dele. A preocupação em criar um sentimento de brasilidade foi a tônica do período e isso explica, parcialmente, a visão do SPI com relação aos indígenas. Dessa forma, pode-se perceber que a criação do órgão indigenista foi uma das soluções encontradas para atuar como mediação e conciliação de distintos e conflitantes interesses: por um lado, o desenvolvimento do capitalismo no país e, por outro, a preservação física e cultural de diversos povos indígenas que tinham resistido e, por vezes com grandes dificuldades, sobrevivido até o início do século XX. Não apenas a criação do SPI expressa a visão que se tinha, então, das populações indígenas, mas também as leis criadas no período ajudam na compreensão da temática.

O Código Civil de 1916 e o Decreto n.º 5.484 de 1928: as definições legais do que era "ser índio" no Brasil

No decorrer dos anos, após a criação do SPI, outras ações referentes aos indígenas foram tomadas pelo governo republicano brasileiro. Pelo menos dois documentos são importantes para a compreensão das definições legais de quem era considerado indígena na primeira metade do século XX no Brasil: o Código Civil de 1916 e o Decreto n.º 5.484 de 1928. O primeiro, promulgado durante o governo de Venceslau Brás (1914-1918), no Artigo 6º, equiparava os índios (então denominados "silvícolas") aos não indígenas maiores de 16 e menores de 21 anos de idade, às mulheres casadas (enquanto subsistisse a sociedade conjugal) e aos pródigos, ou seja, a todos aqueles considerados "relativamente incapazes" a certos atos ou à maneira de os exercer. Além disso, o Código determinava que os "silvícolas" deveriam ficar sujeitados ao regime tutelar, que deveria ser estabelecido por leis e regulamentos especiais. Tal condição cessaria à medida de sua adaptação à "civilização" (o termo apareceu no Decreto n.º 3.725, de 1919, que corrigiu diversos artigos daquele documento).

Ainda de acordo com o Código Civil de 1916, as populações indígenas no Brasil deveriam ser tratadas como "tuteladas", uma ideia ainda presente com força nos dias de hoje entre a população não indígena. Ocorre que a Constituição Federal de 1988 e o novo Código Civil, de 2002, mudaram o *status* jurídico dos índios. Na primeira metade do século XX, porém, as populações indígenas eram vistas e abordadas de forma bem diferente.

O segundo documento, o Decreto n.º 5.484, de 27 de junho de 1928, promulgado na gestão do presidente Washington Luís (1926-1930), regulava a situação dos índios nascidos em território nacional. Ao longo de cinquenta artigos, o decreto normatizou a situação jurídica dos indígenas e fez referências às terras, ao registro civil, às disposições do Direito Penal e aos bens relativos aos índios no Brasil. Estes foram classificados em quatro categorias:

1ª) Nômades;
2ª) Arranchados ou aldeados;
3ª) Pertencentes a povoações indígenas;
4ª) Pertencentes a centros agrícolas ou que viviam "promiscuamente" com "civilizados".

Tal categorização permite entrever a forma como os indígenas eram vistos pela sociedade não indígena na época, em uma espécie de escala evolutiva, que ia dos índios considerados mais "selvagens" (sobretudo os nômades, que perambulavam de um lado a outro, não se fixando em lugar que facilitasse a "civilização") até aqueles tidos como "integrados" (4ª categoria) e, por essa mesma razão, corrompidos por toda sorte de vícios e maus hábitos dos não indígenas. O decreto faz menção ao tratamento diferenciado que deveria ser dado aos índios das categorias 1, 2 e 3 pelos funcionários do SPI, uma vez que estariam mais distantes do grau de integração pretendido. Os índios localizados em ranchos ou aldeias, além daqueles que estivessem em vilas

Capítulo 3 A lei n.º 11.645/2008 e a inserção da temática indígena na Educação Básica

(chamadas de povoações) deveriam ser paulatinamente incorporados a centros agrícolas, de modo que não vivessem em "promiscuidade" com não índios.

O texto do decreto referia-se, ainda, a registros de nascimento, casamento e óbito entre indígenas; de crimes praticados contra índios (entendidos como delitos de um ser superior contra um inferior); de crimes praticados por índios (equiparados a menores se estivessem nas três primeiras categorias ou recentemente chegados à quarta); de isenções e regalias relativas a bens indígenas. Além disso, a catequese religiosa de iniciativa particular tornou-se livre e ficou proibido a quaisquer autoridades efetuar expedição armada contra indígenas. O Decreto n.º 5.484 não foi revogado expressamente até hoje, o que leva a entender que algumas das ideias contidas nele vigoram com força nas escolas brasileiras. A instituição do Dia do Índio, ocorrida durante a ditadura de Vargas, o chamado Estado Novo, também pode ser compreendida como uma sobrevivência, uma continuidade desse pensamento em relação ao "ser índio" no Brasil.

A instituição do Dia do Índio nas Américas em 1940, a adesão do Brasil e a comemoração da data em escolas do país

Como lembrado anteriormente, o dia 19 de abril é celebrado como o Dia do Índio nas escolas de norte a sul do Brasil. Entretanto, muitos professores e alunos ainda não sabem por que esta data foi criada e tampouco por que é celebrada. Em 1940, entre 14 e 24 de abril, ocorreu em Pátzcuaro, estado de Michoacán de Ocampo, México, o Primeiro Congresso Indigenista Interamericano. Nele, estiveram presentes representantes da maioria dos países americanos (exceto Canadá, Haiti e Paraguai), incluindo o Brasil. Ao longo de sua realização foram tomadas algumas importantes decisões, tais como a criação do Instituto Indigenista Interamericano e a designação do dia 19 de abril como "Día del Aborigen Americano". No Brasil é chamado de "Dia do Índio" e, além do nosso país, apenas Argentina (1945) e Costa Rica (1971) celebram a data.

O Dia do Índio ou "Semana do Índio" em escolas brasileiras ganhou ares de comemoração cívica ao longo do tempo, mas repete, invariavelmente, fórmulas desgastadas de apresentação das "realidades indígenas": desenhos estilizados de índios, apresentações descontextualizadas, caracterizações folclóricas e exóticas do "ser índio". Inclusive, em municípios onde há forte presença indígena, é comum verificar-se que os índios representados em esquetes teatrais ou desfiles de rua estão longe da realidade local e mais parecidos com indígenas de livros didáticos. O índio idealizado passa, então, a fazer parte da vida escolar e extraescolar de crianças e jovens que, quando perguntados sobre a presença indígena no Brasil, referem-se a ela como sendo exclusivamente do passado, algo a ser celebrado em data específica e que nada tem a ver com o cotidiano em que vivem.

A comemoração do 19 de abril pode e deve ser desconstruída nas escolas, o que ajudará na reflexão sobre a história dos indígenas, dolorosamente entrelaçada à história do país, e sobre a situação atual em que vivem, com grandes dificuldades em diversos locais. O Dia do Índio poderia servir também para a celebração dos povos indígenas que vivem nas matas e nas cidades, dos que vivem no Brasil e em outros países americanos, daqueles que chegaram ao século XXI com poucos ou nenhum sinal diacrítico (que marca a diferença) e que nem por isso deixaram de se ver como Potiguara, Ofayé, Wajãpi, etc. Crianças e jovens em fase escolar podem aprender muito mais do que associar os povos indígenas à utilização de penas de aves em cocares, de tangas ou à nudez: é possível aprender a reconhecer a diferença, conhecendo-a, respeitando-a e valorizando-a como um valioso patrimônio cultural.

Outras datas a serem lembradas são: 09 de agosto (Dia Internacional dos Povos Indígenas), instituído pela ONU, em 1994, quando também foi definida a Década Internacional dos Povos Indígenas (1995 a 2004). Em 2004, por meio da Resolução 59/174, a Assembleia da ONU aprovou o segundo decênio dos povos indígenas, de 2005 a 2014; 30 de Julho (Dia da Libertação Indígena), comemorado para relembrar que os índios já foram escravizados na América Portuguesa e deixaram legalmente a condição de escravos em 1609; 18 de Maio

Capítulo 3 A lei n.º 11.645/2008 e a inserção da temática indígena na Educação Básica 83

(Dia das Raças Indígenas da América) – embora o conceito de "raça" seja bastante questionável, esta data é uma excelente oportunidade para, justamente, colocar em xeque a existência de "raças" entre as pessoas e discutir se há, de fato, uma "raça" indígena.

Não apenas a comemoração de datas deve ser estimulada nas escolas pelos professores de diferentes componentes curriculares: o conhecimento da história das relações travadas entre índios e não índios ao longo do tempo no país pode e deve fazer parte da transversalização de conteúdos. Em outras palavras, compreender como as populações indígenas foram enxergadas e tratadas na história do Brasil, além de ampliar os conhecimentos dos alunos, evita anacronismos de toda ordem. Pensarmos o passado dos povos indígenas e de suas relações com o Outro em seus próprios termos auxilia nas reflexões que fazemos sobre o presente e, mais do que isso, aponta para expectativas de futuro desses povos.

Seguindo o curso dessa história, a década de 1960 apresenta dois importantes momentos para a compreensão da forma como os indígenas foram abordados e das lutas para a preservação de suas existências física e cultural: a criação do Parque Indígena do Xingu, em 1961, durante o governo de Jânio Quadros (1961), a extinção do SPI e a criação da Funai, ocorrida na segunda metade da década.

O PARQUE INDÍGENA DO XINGU

Situadas ao norte do Estado de Mato Grosso, as terras do Parque Indígena do Xingu (antigo Parque Nacional Indígena do Xingu) abrigam mais de uma dezena de povos de diferentes origens étnicas e culturais, distribuídos em aproximadamente 2.800.000 hectares. Os principais idealizadores do Parque foram os irmãos Villas-Bôas (Claudio, Leonardo e Orlando) e a elaboração do projeto de criação ficou a cargo de Darcy Ribeiro, inspirado nos ideais rondonianos. A região é cortada pelos formadores do rio Xingu e por seus principais afluentes: Kuluene, Ronuro, Batoví, Suiá Miçu, Maritsauá Miçu, Auaiá Miçu, Uaiá Miçu e Jarina. Uma confusão merece ser desfeita: há muitas pessoas

> que pensam existirem índios Xingu, como se esta fosse uma etnia. Na verdade, o Parque Indígena do Xingu possui entre seus habitantes os índios Kuikuro, Kalapálo, Nafukuá, Matipú, Mehinaku, Awetí, Waurá, Yawalapiti, Kamayurá, Trumái, Suyá (Kisedjê), Juruna (Yudjá), Txikão (Ikpeng), Kayabí, Mebengôkre e Kreen-Akarôre (Panará).

Os indígenas e a República: a Funai

Em 05 de dezembro de 1967 foi criada a Funai, por meio da Lei n.º 5.371, em substituição ao SPI, acusado na época de desvios de dinheiro público e não atendimento às demandas apresentadas pelas populações indígenas. O Brasil vivia, então, os primeiros anos da Ditadura Militar (1964-1985), instalada no país a partir do Golpe de Estado de 31 de março de 1964. Naquele momento histórico, a política voltada aos índios ainda era baseada na tutela daqueles considerados "relativamente incapazes". A Funai, criada durante o mandato do presidente Artur da Costa e Silva (1967-1969), deu continuidade à política paternalista e intervencionista do Estado em relação aos índios. Além disso, promoveu a dependência das populações indígenas brasileiras, submetidas à ideia de "civilização" e de "transitoriedade" gradativa à sociedade não indígena.

Durante a existência do SPI (1910-1967), a política indigenista havia transferido diversos povos, liberado territórios tradicionais para fins de colonização não indígena e imposto um sistema educacional que intentava modificar a ordem sociocultural dos índios. Fatores como má gestão, falta de recursos e corrupção funcional levaram à extinção do SPI, momento em que a Funai foi criada para substituí-lo. No ano de 1967, o ministro Albuquerque Lima solicitou uma investigação para apurar graves violações aos direitos indígenas. Uma expedição composta por técnicos e policiais acompanhou o procurador Jader de Figueiredo Correia, quando este percorreu mais de 16.000 km Brasil afora para entrevistar funcionários do SPI e visitar postos indígenas com o objetivo de averiguar denúncias de diversos crimes. No documento, conhecido posteriormente como

Capítulo 3 A lei n.º 11.645/2008 e a inserção da temática indígena na Educação Básica 85

"Relatório Figueiredo", Correia registrou a expulsão e o extermínio de diversos grupos indígenas, além do uso de tortura e de outras formas de violência.

> ## O RELATÓRIO FIGUEIREDO
>
> A expedição que deu origem ao "Relatório Figueiredo" visitou mais de 130 postos indígenas do antigo SPI, onde foram constatados inúmeros crimes e violações aos direitos humanos praticados contra os indígenas. Depois de quase meio século desaparecido, um dos documentos mais importantes produzidos pelo Estado brasileiro no último século tornou-se um registro contundente de matanças de grupos indígenas inteiros, torturas e toda sorte de crueldades praticadas contra índios no país – principalmente por latifundiários e funcionários do SPI. Supostamente eliminado em um incêndio no Ministério da Agricultura, o relatório foi encontrado em 2013 nos arquivos do antigo Museu do Índio, no Rio de Janeiro, com mais de 7 mil páginas preservadas e contendo 29 dos 30 tomos originais.

A Funai surgiu, assim, no cenário nacional, com propósitos que não deixaram para trás as perspectivas assimilacionistas e integracionistas que permearam as políticas indigenistas desde o início do século XX. Atualmente, o órgão encontra-se vinculado ao Ministério da Justiça e tem como responsabilidades estabelecer e executar as políticas de proteção aos índios, em cumprimento ao que estabelece a Constituição Federal de 1988.

No Brasil republicano, sempre existiram leis que se ocuparam dos indígenas, algumas em sua defesa, outras os prejudicando; uma parte delas tratando-os como "problema" ou "questão". A Funai é o órgão governamental que tem o propósito de resguardar e garantir os direitos dos indígenas, preservando seus usos e costumes e demarcando terras. Entretanto, apenas o fato de existir um órgão indigenista oficial não faz com que conflitos entre índios e não índios sejam evitados. As disputas de terras, especialmente, são muito comuns, a exemplo de invasões por parte de não índios em busca de riquezas minerais e vegetais, de construções de estradas, barragens e usinas hidrelétricas, que ocasionam sérios danos à sobrevivência física e cultural das populações indígenas e de seus *habitat*.

Cabe não somente à Funai, mas ao Estado brasileiro, a defesa de povos de tradição milenar que hoje já não aceitam mais a condição de "tutelados". Entre os ideais que regem o órgão indigenista encontram-se:

A promoção de políticas que possibilitem o desenvolvimento sustentável;

A sustentabilidade econômica aliada à socioambiental;

A conservação e a recuperação do meio ambiente;

O controle de possíveis impactos ambientais oriundos de interferências externas às terras indígenas;

O monitoramento das terras indígenas regularizadas e ocupadas por índios, inclusive as isoladas e as de recente contato;

A coordenação e implementação de políticas de proteção aos grupos isolados e recém-contatados;

A criação de ações de vigilância, fiscalização e prevenção de conflitos em terras indígenas.

Apesar de os pontos elencados serem positivos, o fato é que ao longo do tempo a Funai esteve, em distintos momentos, distante de executar tais políticas, seja por falta de recursos ou para atender a diversos outros interesses. É importante ressaltar que, em pleno século XXI, muitas das políticas e ações empreendidas pelo Estado brasileiro ainda são baseadas no Estatuto do Índio, de 1973.

O Estatuto do Índio

Durante a Ditadura Militar, em 1973, na presidência de Emílio Garrastazu Médici (1969-1974), foi promulgado o Estatuto do Índio, a Lei n.º 6.001. O documento reafirmou as premissas do antigo SPI de "integrar [os índios] progressiva e harmoniosamente, à comunhão nacional" e de assimilar os povos indígenas à população não índia.

Nesse processo, na condição de grupos sociais minoritários, os índios seriam paulatinamente absorvidos por um grupo maior, neste caso, a "sociedade nacional", quando seus códigos identitários seriam, pouco a pouco, substituídos ou irremediavelmente transformados.

É interessante observar como a temática indígena continuou, em fins do século XX, a se subordinar ao tema da identidade nacional, proposto no início da era republicana. Naquele período, enfatizar o sentimento de ser brasileiro era uma questão de sobrevivência do novo regime. Já durante a Ditadura Militar, a reafirmação de uma identidade única para todos aqueles nascidos em terras brasileiras era, fundamentalmente, uma forma de negar a pluralidade para melhor controlar e, de certo modo, combater as diferenças.

Hoje, no entanto, o caminho a ser trilhado promete ser distinto. Encontra-se em trâmite no Congresso Nacional o Projeto de Lei n.º 2.057, de 1991, que institui o Estatuto das Sociedades Indígenas e que tem por objetivo adequar-se aos preceitos constitucionais garantidores de uma proteção totalizante e propulsora das culturas indígenas, em consonância com a Constituição Federal. Assim, espera-se que, após a sua aprovação, a lei regule, como recomenda em seu Artigo 1º, "os direitos coletivos especiais reconhecidos aos índios e às suas organizações sociais e as responsabilidades dos poderes públicos na sua proteção". Ao se sobrepor ao Estatuto do Índio de 1973, a Constituição orienta que o Estado proteja os povos indígenas, que passam a ser juridicamente considerados capazes, sem que seus membros sejam obrigados a adquirir novas identidades.

Apesar dos avanços da lei, desde a promulgação da Constituição os conflitos entre índios e não índios, que se arrastam por séculos em nosso país, continuam a existir. Essa situação estabeleceu um estado de vulnerabilidade por parte dos indígenas, uma vez que suas integridades física e cultural e seus territórios foram invadidos por madeireiras, garimpos e atividades agropecuárias ilegais, resultantes do processo de expansão econômica do país, especialmente nos estados que integram a Amazônia Legal. As ações governamentais que propiciaram a integração do indígena à economia de mercado paulatinamente possibilitaram o avanço indiscriminado do capital, que de forma desigual atingiu os povos indígenas. As frentes de contato e de expansão ocasionaram a incompatibilidade dos modos tradicionais de viver destes povos com os não índios. Os indígenas, ao se apoderarem dessa realidade, instituem/instituíram novas formas de luta por meio de reelaborações socioculturais e políticas.

Tanto o movimento indigenista como o indígena têm papel vital na efetivação de diversas ações da política indigenista e nas políticas públicas em geral, incluindo a nova proposta de Estatuto. Este permanece à espera de sua aprovação no Congresso Nacional e, enquanto isso, a condição de serem considerados "relativamente incapazes", isto é, tutelados por um órgão indigenista estatal, até que possam estar "integrados à comunhão nacional", deixou de ter sentido. As sociedades indígenas vêm pressionando o Congresso Nacional para aprovar o novo Estatuto que lhes permitirá se livrarem, definitivamente, da tutela do órgão indigenista, alegando que isso reforçaria a condição de "incapacidade relativa", cerceando-os de liberdade.

Tais movimentos vêm ganhando força desde a década de 1970, quando os índios de todo o país passaram a se organizar, auxiliados, sobretudo, pela Igreja Católica e por organizações não governamentais.

Os movimentos indígenas e indigenistas das décadas de 1970 e 1980

A perspectiva assimilacionista, prevista no Estatuto do Índio de 1973, chegou a reunir indígenas em postos administrativos, missões religiosas, batalhões de fronteira, entre outros, com o intuito de retirá-los de áreas consideradas de interesse de Segurança Nacional. Foi na segunda metade da década de 1970, porém, contrariando as determinações do mesmo Estatuto, que o governo Ernesto Geisel (1974-1979) anunciou a intenção de "emancipação dos indígenas". Antropólogos, organizações religiosas e indigenistas, além dos próprios índios, mobilizaram-se em campanhas contra a "emancipação", por entenderem que a "integração" à sociedade não indígena escamoteava a real intenção de retirada da proteção legal sobre as terras indígenas, liberando-as para empreendimentos estatais e privados.

Capítulo 3 A lei n.º 11.645/2008 e a inserção da temática indígena na Educação Básica 89

Às vozes dos movimentos indígenas e indigenistas juntaram-se, em coro unívoco, as das então recentes organizações em prol dos direitos dos povos indígenas, algumas delas surgidas a partir de campanhas de antropólogos e de organizações religiosas, tais como o Conselho Indigenista Missionário (Cimi) e a Pastoral Indigenista. Nessa esteira, seguiram-se também artistas – da fotografia, da música, do teatro, da literatura e do cinema –, que passaram a se dedicar à defesa dos grupos étnicos minoritários.

> ## O CIMI E AS ORGANIZAÇÕES NÃO GOVERNAMENTAIS PRÓ-INDÍGENAS
>
> No início dos anos 1970, surgiu o Centro Ecumênico de Documentação e Informação (Cedi), que desenvolveu o Programa Povos Indígenas no Brasil, atualmente sob a responsabilidade da organização não governamental ISA, criada em 1994. Outras organizações que merecem ser lembradas são a Comissão Pró-Índio (de São Paulo e do Acre), a Associação Nacional de Ação Indigenista (Anaí), com sede em Salvador, além das instâncias criadas pela Igreja Católica, tais como o Cimi e a Pastoral Indigenista, ambas com a finalidade de apoiar as causas indígenas, favorecendo a articulação entre aldeias e povos.

Desde a década de 1970, diversos representantes dos povos indígenas no Brasil, contrários à política integracionista do governo militar, começaram a se organizar em movimentos direcionados à defesa de seus direitos. Sob essa perspectiva, os indígenas são considerados protagonistas de sua própria história, isto é, atores sociais participantes de diversos segmentos da sociedade civil, tais como organizações não governamentais, instituições indigenistas e associações indígenas, entre outras, com o objetivo de lançar luz sobre sua condição de grupos minoritários, marginalizados historicamente pela sociedade não indígena em virtude de sua condição étnica.

O movimento indígena ganhou mais força na década de 1980 com a presença de índios de diferentes etnias no Congresso Nacional, por ocasião da Assembleia Nacional Constituinte (1987-1988), sob a presidência de Ulysses Guimarães. Nessa época, diversos líderes se destacaram, entre eles, Mário Juruna (Barra do Garças, MT, 1943 – Brasília, DF, 2002), da etnia Xavante, conhecido por fazer uso constante de um gravador para registrar promessas de autoridades, a maior parte delas não cumprida. Eleito deputado federal em 1983, foi um dos lutadores implacáveis pela demarcação de terras indígenas no Brasil. Ainda que a Constituição aprovada em 1988 tenha retirado a condição de "relativamente incapazes", ao reconhecer a pessoa indígena como agente jurídico pleno de seus direitos e deveres, faz-se necessário que um novo Estatuto se alinhe à lei fundamental e suprema do Estado brasileiro.

O panorama pós-1988 mostrou-se mais favorável aos índios e afrodescendentes, embora problemas seculares persistam em relação a essas populações. A maior visibilidade das questões envolvendo as chamadas minorias étnicas e a criação de leis que garantem a inserção de temas antes não explorados nas salas de aulas são demonstrações das mudanças que vêm se operando no Brasil nas últimas décadas. Importante se faz lembrar, contudo, que tanto a Lei n.º 11.639, de 2003, como a Lei n.º 11.645, de 2008, não foram criadas como "presentes" do Poder Público, mas são o resultado concreto de lutas iniciadas no período colonial e que não devem se arrefecer, pois há muito a ser feito. Nesse sentido, os professores têm um papel fundamental no conhecimento, reconhecimento e ensino sobre as diferenças, tornando a aprendizagem dos alunos mais consistente e menos preconceituosa e discriminatória.

A promulgação da Lei n.º 11.645/2008 e a inserção da temática indígena na Educação Básica brasileira

Um aspecto bastante positivo da Lei n.º 11.645, pensando no ideal das "Culturas pela paz", é a possibilidade de se educar os não índios a enxergarem, sentirem e respeitarem as histórias e as culturas indígenas como um patrimônio a ser conhecido, reconhecido, compreendido, preservado e valorizado. Na transversalização de conteúdos, especialmente os de História, é interessante ir além da mera exposição ou menção da participação de indígenas em episódios isolados da história do país, por exemplo. Uma boa ideia, a partir do que sugere o próprio texto da lei, é buscar a compreensão das contribuições das diferentes populações indígenas ao longo do tempo "nas áreas social, econômica e política, pertinentes à história do Brasil". Com isso, escapa-se da folclorização dos assuntos relacionados à temática indígena, incluindo aspectos diversos, históricos e culturais, que caracterizam/caracterizaram a formação da população brasileira.

Como exemplo, dois eventos podem ajudar a compreender a participação indígena no período colonial: a Confederação dos Tamoios e a chamada "Guerra dos Bárbaros". A Confederação dos Tamoios (1556-1567) é a denominação dada às revoltas lideradas por indígenas Tupinambá que ocupavam o litoral dos atuais estados de São Paulo e Rio de Janeiro, envolvendo também grupos situados na Capitania de São Vicente. Tais revoltas, cujas notícias de incidentes ligados a elas datam de 1554, voltaram-se contra os colonizadores portugueses e suas práticas de violência e aprisionamento de índios. Aimberê, filho do líder Tupinambá Caiçuru, ao assumir a liderança do grupo, declarou guerra não apenas aos portugueses, mas também aos Guaianás, aliados dos colonizadores. Para fortalecer o levante (e daí vem o nome "confederação"), Aimberê se uniu a outras lideranças Tupinambá, tais como Pindobuçu, Koakira e Cunhambebe.

Cunhambebe recebeu armamentos dos franceses, interessados em disputar o território ultramarino com os portugueses, mas foi vitimado por uma epidemia, assim como muitos outros índios. Além dos Tupinambá, estiveram envolvidos os Aimoré, Goitacaz, Temiminó e os Guaianás, estes últimos aliados dos portugueses e que tiveram no líder Tibiriçá um forte inimigo da confederação. Apesar de haver momentos de trégua, os portugueses avançaram sobre as aldeias do litoral, aprisionando e escravizando indígenas. A partir da chegada de Estácio de Sá, em 1567, os franceses foram expulsos do atual território do Rio de Janeiro (onde haviam criado a França Antártica) e os Tamoio foram dizimados.

A "Guerra dos Bárbaros", como também ficou conhecida a Confederação dos Cariri, ocorreu entre 1683 e 1713 e constituiu-se em um movimento de resistência indígena à dominação portuguesa, em terras localizadas no atual Nordeste brasileiro. A história da Confederação divide-se em três fases: inicia-se com uma revolta indígena no atual Rio Grande do Norte; estende-se ao hoje Estado da Paraíba, quando tem sua maior duração; finalmente concentrando-se em terras do Ceará. Pode-se considerá-la como uma resposta tardia ao avanço dos sesmeiros não indígenas, que se apossavam de vastos territórios indígenas. A "Guerra dos Bárbaros" terminou com uma expedição liderada por João de Barros Braga, que exterminou os indígenas encontrados pelo caminho, sem distinção de sexo ou idade. Estes e outros eventos, quando não ignorados pelos livros didáticos, são pouco conhecidos por professores e alunos.

Sabe-se que a lei não faz referências apenas aos indígenas, mas também aos africanos e aos afro-brasileiros. Ocorre que desde a promulgação da Lei n.º 10.639/2003, anterior, portanto, à Lei n.º 11.645, verificou-se uma produção crescente (acadêmica e extra-acadêmica), relativa à presença negra na história brasileira e às articulações desta ao longo da nossa história. Sobre os grupos indígenas, seus ancestrais e atuais descendentes, ainda há muito a ser pesquisado. Mais do que isso: muito deverá ser elaborado didaticamente para que a temática chegue às salas de aula livre das amarras dos estereótipos e dos preconceitos alimentados durante séculos em relação aos, até bem pouco tempo atrás, chamados "povos sem história" ou "primitivos" (não com o sentido de "primeiros", mas pejorativamente de "atrasados" ou "sem cultura", em uma perspectiva evolucionista e racista).

A lei pode sensibilizar, além de professores e alunos, toda a comunidade escolar, inclusive os pais e as famílias dos alunos, a repensar o papel da escola no reforço de certas ideias equivocadas na formação de crianças e jovens. Não se está aqui pensando apenas em tolerância, mas, de fato, em respeito e valorização das histórias e das culturas indígenas, pois não se pode respeitar aquilo que não se conhece ou não se compreende e tolerar nos parece ser muito mais "aturar" ou "suportar" do que ter pensamentos, atitudes e procedimentos de respeito com a diversidade etnorracial que rodeia a todos.

A partir da aplicação da lei, não apenas os alunos da Educação Básica, mas também os professores formadores de opinião, podem se educar e começar a demolir dentro de si ideias e sentimentos equivocados a respeito das populações indígenas, enxergando-as para muito além do exótico, do estranho, do "selvagem" (bom ou mal). Assim, é possível reescrever uma história, dentro e fora das escolas, que rompa com certos padrões em vigência, que excluem, discriminam e tentam diminuir ou apagar a presença do diverso, do diferente, diminuindo-o, inferiorizando-o e desqualificando-o de diversas formas.

Existe ainda muita confusão quando são feitas referências às leis n.º 10.639/2003 e n.º 11.645/2008. Há aqueles que pensam que a última substituiu a primeira na íntegra, extinguindo-a, mas o fato é que, na verdade, isso não ocorreu. A título de esclarecimento, lembramos que a Lei n.º 11.645 acrescentou significativamente a perspectiva indígena aos estudos da temática etnorracial na Educação Básica.

Vejamos os textos de ambas as leis:

LEI Nº 10.639, DE 9 DE JANEIRO DE 2003.

Mensagem de veto	Altera a Lei nº 9.394, de 20 de dezembro de 1996, que estabelece as diretrizes e bases da educação nacional, para incluir no currículo oficial da Rede de Ensino a obrigatoriedade da temática "História e Cultura Afro-Brasileira", e dá outras providências.

O PRESIDENTE DA REPÚBLICA Faço saber que o Congresso Nacional decreta e eu sanciono a seguinte Lei:

Art. 1º A Lei nº 9.394, de 20 de dezembro de 1996, passa a vigorar acrescida dos seguintes arts. 26-A, 79-A e 79-B:

"Art. 26-A. Nos estabelecimentos de ensino fundamental e médio, oficiais e particulares, torna-se obrigatório o ensino sobre História e Cultura Afro-Brasileira.

§ 1º O conteúdo programático a que se refere o *caput* deste artigo incluirá o estudo da História da África e dos Africanos, a luta dos negros no Brasil, a cultura negra brasileira e o negro na formação da sociedade nacional, resgatando a contribuição do povo negro nas áreas social, econômica e política pertinentes à História do Brasil.

§ 2º Os conteúdos referentes à História e Cultura Afro-Brasileira serão ministrados no âmbito de todo o currículo escolar, em especial nas áreas de Educação Artística e de Literatura e História Brasileiras.

§ 3º (VETADO)"

"Art. 79-A. (VETADO)"

"Art. 79-B. O calendário escolar incluirá o dia 20 de novembro como 'Dia Nacional da Consciência Negra'."

Art. 2º Esta Lei entra em vigor na data de sua publicação.

Brasília, 9 de janeiro de 2003; 182º da Independência e 115º da República.

LUIZ INÁCIO LULA DA SILVA
Cristovam Ricardo Cavalcanti Buarque

LEI N.º 11.645, DE 10 MARÇO DE 2008.

> Altera a Lei nº 9.394, de 20 de dezembro de 1996, modificada pela Lei nº 10.639, de 9 de janeiro de 2003, que estabelece as diretrizes e bases da educação nacional, para incluir no currículo oficial da rede de ensino a obrigatoriedade da temática "História e Cultura Afro-Brasileira e Indígena".

O PRESIDENTE DA REPÚBLICA Faço saber que o Congresso Nacional decreta e eu sanciono a seguinte Lei:

Art. 1º O art. 26-A da Lei nº 9.394, de 20 de dezembro de 1996, passa a vigorar com a seguinte redação:

"Art. 26-A. Nos estabelecimentos de ensino fundamental e de ensino médio, públicos e privados, torna-se obrigatório o estudo da história e cultura afro-brasileira e indígena.

§ 1º O conteúdo programático a que se refere este artigo incluirá diversos aspectos da história e da cultura que caracterizam a formação da população brasileira, a partir desses dois grupos étnicos, tais como o estudo da história da África e dos africanos, a luta dos negros e dos povos indígenas no Brasil, a cultura negra e indígena brasileira e o negro e o índio na formação da sociedade nacional, resgatando as suas contribuições nas áreas social, econômica e política, pertinentes à história do Brasil.

§ 2º Os conteúdos referentes à história e cultura afro-brasileira e dos povos indígenas brasileiros serão ministrados no âmbito de todo o currículo escolar, em especial nas áreas de educação artística e de literatura e história brasileiras." (NR)

Art. 2º Esta Lei entra em vigor na data de sua publicação.

Brasília, 10 de março de 2008; 187º da Independência e 120º da República.

LUIZ INÁCIO LULA DA SILVA
Fernando Haddad

A Lei n.º 11.645/2008 acrescentou ao Artigo 26, que trata dos currículos do Ensino Fundamental e do Ensino Médio, a temática indígena. Apesar disso, a Educação Infantil e a Educação de Jovens e Adultos (EJA) não foram contempladas com a transversalização de conteúdos, o que não deve significar que os professores estejam desobrigados de incluir as histórias e as culturas indígenas nas aulas ministradas aos alunos. Uma leitura atenta dos textos das duas leis nos faz perceber que a Lei n.º 11.645 não revogou a Lei n.º 10.639, apenas deu nova redação ao Artigo 26-A. Foram acrescentadas as histórias e as culturas das populações indígenas na transversalização de conteúdos, especialmente de Artes, Literatura e História na Educação Básica. Por se tratarem de temas distintos, embora entrelaçados à história da formação do Brasil, muitos veem dificuldades ao se juntar todos esses assuntos em um conjunto de temáticas relativas à diversidade etnorracial. Sem dúvida alguma, esse trabalho não é simples. Requer preparo, estudo e, sobretudo, vontade de superar os preconceitos historicamente arraigados em muitos de nós. Entretanto, cremos ser este o caminho mais adequado para colocarmos em prática alguns dos principais preceitos da "Cultura da paz".

A Lei n.º 11.645/2008 não solucionará todos os problemas relacionados ao ensino da temática indígena nas escolas, mas é possível entrever os avanços que a transversalização de conteúdos pode proporcionar ao ambiente escolar, ainda marcado pelo preconceito enraizado e por atitudes discriminatórias contra os índios, além de certa idealização romântica sobre a "vida selvagem". Se pensarmos que tal temática esteve durante décadas (referindo-nos apenas ao século XX) relegada a um plano secundário e que os índios apareciam raramente em conteúdos curriculares, especialmente os do componente História, é salutar reconhecer que a implantação da lei tem trazido mudanças nesse estado de coisas. Por falar em currículos, vale lembrar: ao longo dos anos nas escolas brasileiras, a temática da história e das culturas indígenas não figurou como conteúdo principal a ser ministrado nos vários anos (antes denominados séries/ciclos) da escolarização básica.

Os indígenas, em toda a sua diversidade, invariavelmente eram apresentados como "coadjuvantes" na chegada dos europeus às Américas e depois desapareciam nos livros e nas aulas, sendo lembrados por ocasião do dia 19 de abril. Como combater o preconceito e a discriminação a partir desse cenário de silêncio e apagamento da diversidade na história brasileira? Os professores de quaisquer disciplinas têm muito a ganhar se se dispuserem a aprender com a diversidade etnocultural do país. Um passo importante nesse sentido é levar para as salas de aula do Ensino Fundamental e do Ensino Médio conteúdos transversalizados que estabeleçam diálogos entre as histórias e as culturas indígenas. Se desejamos realmente, como enseja a Unesco e os diversos organismos internacionais, estabelecermos uma "Cultura da paz", esta deve ser aprendida e apreendida nas escolas. Mais que isso: deve transformar-se em uma cultura escolar que transcenda os ambientes de ensino e de aprendizagem formais.

Conclusão

Vimos, neste capítulo, que para se chegar à promulgação da Lei n.º 11.645/2008 um longo (e, às vezes, tortuoso) caminho foi trilhado pelos movimentos indígenas e indigenistas, a fim de que a temática em questão, com uma rica história e uma diversidade de culturas, fosse incluída como um conjunto de conteúdos a serem transversalizados na Educação Básica. Embora se possam fazer críticas à forma como a lei foi apresentada em 2008, com a sentida ausência de professores, indígenas e especialistas no processo que culminou com a sua promulgação, há de se reconhecer que a aplicação do texto trouxe avanços consideráveis no combate ao preconceito etnorracial.

A lei também contribui para modificar a forma como se enxergam os índios e suas trajetórias históricas na Educação Básica. Entretanto, é possível se verificar que interpretações equivocadas podem surgir a partir da leitura do texto da lei, que utiliza expressões tais como "resgatando" ou, ainda, trata as presenças históricas das populações indígenas apenas como "contribuições às áreas social, econômica e política". O uso destas expressões remete às ideias de "heranças" deixadas pelos indígenas, tais como na culinária ou em palavras que designam lugares – topônimos – ainda presentes em muitos livros didáticos.

Aos professores do Ensino Fundamental há inúmeras possibilidades, verdadeiras trilhas abertas pela lei. A diversidade pode ensinar aos alunos mais do que a tolerância em relação ao Outro, seja indígena, negro ou migrante de diferentes partes do país e/ou do mundo. Toda essa diversidade é uma marca distintiva da população brasileira, fruto de uma história de contatos, encontros, desencontros e confrontos. Ajudar os alunos a compreender tal diversidade como um verdadeiro patrimônio do país – como riqueza a ser preservada, respeitada e valorizada, da qual se deve ter orgulho e não vergonha – é uma tarefa que cabe aos professores e a todos os envolvidos com a Educação. A Lei n.º 11.645/2008 por si só pode não ser a solução para acabar com a invisibilidade das populações indígenas, mas representa um passo enorme em direção ao reconhecimento de uma sociedade historicamente formada por diversas culturas, tradições e etnias, entre elas as indígenas.

As práticas cotidianas da justiça, da tolerância, do respeito e da solidariedade são as forças motrizes para a construção da vivência da "Cultura de Paz", dentro e fora do ambiente escolar. A escola deve, portanto, criar múltiplas possibilidades que promovam o viver pacífico com o Outro, com quem é diferente, sem equiparar a diferença à desigualdade. Isso significa que a Lei n.º 11.645/2008 e seus desdobramentos trabalham a favor dos princípios da liberdade, da democracia e da cidadania, na compreensão e no respeito mútuo entre os povos, em conformidade com os princípios preconizados pela Unesco.

Referências

ALMEIDA, Maria Regina Celestino de. *Os índios na História do Brasil*. Rio de Janeiro: FGV, 2010. 167 p. (Coleção FGV de Bolso, 15).

AZEVEDO, Francisca L. Nogueira de; MONTEIRO, John Manuel (Orgs.). *Confronto de culturas: conquista, resistência, transformação*. Rio de Janeiro: Expressão e Cultura; São Paulo: Edusp, 1997. 422 p.

BRASIL. *Lei n. 10.639*, de 09 de janeiro de 2003. Altera a Lei n. 9.394, de 20 de dezembro de 1996, que estabelece as diretrizes e bases da educação nacional, para incluir no currículo oficial da Rede de Ensino a obrigatoriedade da temática "História e Cultura Afro-Brasileira", e dá outras providências. Brasília: Casa Civil, 2003. Disponível em: <http://www.planalto.gov.br/ccivil_03/leis/2003/l10.639. htm>. Acesso em: 10 nov. 2017.

BRASIL. *Lei n. 11.645*, de 10 de março de 2008. Altera a Lei n. 9.394, de 20 de dezembro de 1996, modificada pela Lei no 10.639, de 9 de janeiro de 2003, que estabelece as diretrizes e bases da educação nacional, para incluir no currículo oficial da rede de ensino a obrigatoriedade da temática "História e Cultura Afro-Brasileira e Indígena". Brasília: Casa Civil, 2008. Disponível em: <http:// www.planalto.gov.br/ccivil_03/_ato2007-2010/2008/lei/l11645.htm>. Acesso em: 10 nov. 2017.

CARNEIRO DA CUNHA, Manuela (Org.). *História dos índios no Brasil*. São Paulo: Companhia das Letras/Secretaria Municipal de Cultura/Fapesp, 1992. 611 p.

FREIRE, Carlos Augusto da Rocha (Org.). *Memória do SPI: textos, imagens e documentos sobre o Serviço de Proteção aos Índios (1910-1967)*. Rio de Janeiro: Museu do Índio/Funai, 2011. 492 p.

GAGLIARDI, José Mauro. *O indígena e a República*. São Paulo: Hucitec/Edusp/ Secretaria de Estado da Cultura, 1989. 310 p.

JOSÉ DA SILVA, Giovani; MEIRELES, Marinelma Costa. Orgulho e preconceito no ensino de História no Brasil: reflexões sobre currículos, formação docente e livros didáticos. *Crítica Histórica*, v. 8, n. 15, p. 07-30, 2017.

JUNQUEIRA, Carmen. *Antropologia indígena: uma introdução*. São Paulo: Educ, 1991. 111 p.

LOPES DA SILVA, Aracy; GRUPIONI, Luís Donisete Benzi (Orgs.). *A temática indígena na escola: novos subsídios para professores de 1º e 2º graus*. Brasília: MEC/Mari/Unesco, 1995. 575 p.

MELATTI, Julio Cezar. *Índios do Brasil*. 7. ed. São Paulo: Hucitec; Brasília: Edunb, 1993. 220 p.

PAULA, Eunice Dias de; PAULA, Luiz Gouvea de; AMARANTE, Elizabeth Aracy Rondon. *Confederação dos Tamoios: a união que nasceu do sofrimento*. Petrópolis: Vozes/Cimi, 1986. 159 p.

PUNTONI, Pedro. *A guerra dos Bárbaros: povos indígenas e a colonização do sertão nordeste do Brasil, 1650-1720*. São Paulo: Hucitec/Edusp/Fapesp, 2002. 323 p. (Estudos Históricos, 44).

RIBEIRO, Berta G. *O índio na história do Brasil*. 3. ed. São Paulo: Global, 1983. 125 p.

SCHADEN, Egon. *Leituras de etnologia brasileira*. São Paulo: Companhia Editora Nacional, 1976. 534 p.

SILVA, Edson; SILVA, Maria da Penha da (Orgs.). *A temática indígena na sala de aula: reflexões para o ensino a partir da Lei 11.645/2008*. Recife: UFPE, 2013. 209 p.

CAPÍTULO 4

DIREITOS INDÍGENAS: UM PERCURSO PELAS CONSTITUIÇÕES BRASILEIRAS REPUBLICANAS (1891-1988)

Introdução

Neste capítulo, apresentaremos informações básicas a respeito de como a temática indígena foi abordada na legislação brasileira, entre 1891 e 1988, especialmente nos textos constitucionais. Nesse período o país teve seis constituições até o momento (1891, 1934, 1937, 1946, 1967 e 1988), que, somadas ao texto de 1824, durante o período imperial, dão um total de sete. As leis, por si só, não modificam a realidade e tampouco servem como único parâmetro para se perceber como determinadas questões foram tratadas ao longo do tempo na sociedade brasileira. Contudo, a leitura dos textos constitucionais revela uma parcela significativa das demandas sociais e de como elas foram incorporadas e transformadas em leis pelo poder legislativo. Além dessas, outras legislações que afetaram diretamente os grupos indígenas também serão abordadas ao longo deste capítulo.

Tanto a Constituição de 1824 como a de 1891 não trataram dos interesses indígenas. Isso nos dá uma ideia a respeito da invisibilidade e da marginalização de tais populações diante do Poder Público e, mais do que isso, da forma como o assunto foi tratado por juristas e políticos ao longo do século XIX. Em 1808, D. João VI decretou "guerra justa" aos Botocudos. Vale lembrar que este tratamento dado aos indígenas foi uma peculiaridade das colonizações portuguesa e espanhola, vigentes nos primeiros séculos de dominação ibérica nas Américas. No caso específico da colonização portuguesa, a "guerra justa" havia sido abolida pelo Marquês de Pombal no Diretório dos Índios de 1755.

Sua retomada no século XIX tinha endereço certo: ambicionava viabilizar a colonização no Vale do Rio Doce, Espírito Santo, e nos Campos de Guarapuava, no Paraná. Com isso, o Estado português pretendia promover uma nova ordem interessada no acesso à força de trabalho indígena, com vistas ao alargamento de espaços a serem utilizados na produção de gêneros alimentícios e acumulação de riquezas. Para tanto, foram criados mecanismos para combater, aldear, catequizar e converter à fé cristã os indígenas, para a garantia do provimento de mão de obra necessária a novos empreendimentos econômicos.

GUERRAS JUSTAS

Os primeiros escravos do Brasil foram os índios. Também chamados na documentação oficial de "negros da terra" ou "gentios da terra", pouco se sabe ainda sobre a escravidão indígena. Em terras litorâneas, impor indígenas à condição de escravos foi a alternativa encontrada pelos portugueses que visavam à exportação de produtos e à garantia de gêneros alimentícios aos colonos e suas famílias. No século XVI, no Rio de Janeiro, o padre Gregório Serrão, à frente do Colégio Jesuíta, justificou a escravização dos índios. Escreveu o religioso: "E porque não há gente de trabalho nestas partes para alugar por jornal, nem os materiais se acham de compra, nos é necessário têrmos muita escravaria e gente da terra, governada e mantida de nossa mão" (SERRÃO apud FREIRE; MALHEIROS, 2009). A "Guerra Justa" e a captura foram estratégias de transformar índios em escravos, aprovadas pelo rei de Portugal. Chamada erroneamente de "justa", a guerra consistia na invasão de tropas armadas às aldeias, quando os índios se tornavam propriedade de seus captores ou eram vendidos aos colonos, à Coroa Portuguesa e aos missionários. A aplicação de castigos, a

Capítulo 4 **Direitos indígenas** 103

> destruição de aldeias, a morte e o aprisionamento aos índios que resistissem aos ataques persistiram durante todo o período colonial, mesmo que a legislação alternasse entre proibição e restrição. A chegada dos primeiros navios negreiros ao litoral brasileiro não livrou de imediato os índios da escravidão. Somente no século XVIII a escravidão imposta aos índios chegou ao fim, quando foi abolida definitivamente pelo alvará de 08 de maio de 1758. Entretanto, D. João VI, ao chegar ao Brasil acompanhado de sua corte, em 1808, decretou por Carta Régia guerra aos Botocudos, em Minas Gerais. Capturados, aqueles foram entregues às tropas militares, quando passaram a ser seus escravos durante 15 anos, "contados desde o dia em que forem batizados". Em 1831, essa lei começou a ser alterada.

A legislação da época teve como alicerces os valores aceitos pela sociedade e pelo governo metropolitano, o que levou à retomada das indagações sobre o grau de humanidade dos índios. A decisão de D. João VI em declarar "guerra justa" a determinado povo indígena revela que o poder central se voltou ao combate e ao extermínio dos índios, não mais para transformá-los em elementos de ocupação e de colonização. Assim, no início do século XIX, o Estado português procurou redimensionar o lugar do índio na sociedade e o seu direito de nela participar como "súdito" ou "cidadão". Tais questões foram propostas por José Bonifácio de Andrada e Silva (posteriormente conhecido como o "Patriarca da Independência") e discutidas durante a Assembleia Constituinte de 1823.

Em relação à Constituição de 1824, é importante ressaltar que um documento intitulado *Apontamentos para a Civilização dos Índios Bravos do Império do Brasil*, aprovado pela Constituinte de 1823 e de autoria de José Bonifácio, não foi incorporado ao texto final da Carta Magna. Isso porque a então Comissão de Colonização e Catequização da Assembleia Constituinte decidiu que tal documento deveria ser publicado em separado e distribuído às províncias. Com isso, pretendia-se obter sugestões quanto aos meios de implementação da política preconizada no documento, além de um informe mais preciso da situação dos índios.

Verifica-se, portanto, que ao mesmo tempo em que durante o período imperial o "índio" se tornou símbolo de uma nova nação, então recém-criada, foram-lhe negados os direitos básicos à autonomia e à cidadania, situação que se observa ao longo de todo o século XIX.

A Constituição de 1891, a primeira do período republicano, não fez menção direta aos índios. O documento transferiu aos Estados Federados (antigas províncias) as terras devolutas, reservando à União aquelas necessárias para a defesa de fronteiras e construção de instalações militares, fortificações e estradas de ferro. O texto constitucional instalou certa confusão jurídica entre a União e os Estados, que perdurou por muito tempo no Brasil. Se, por um lado, definiu-se que terras devolutas (incluídas as terras de aldeamentos extintos) passavam a pertencer aos Estados, alguns entenderam que terras indígenas de aldeamentos não extintos e terras imemoriais indígenas, por não serem consideradas devolutas, ficariam sob a responsabilidade da União. Isso significou que ao governo central caberia legislar sobre os direitos dos índios, como desejavam os positivistas que endereçaram à Constituinte de 1890 propostas de respeito à soberania das "nações indígenas", propostas estas que não foram incluídas no texto final da Carta Magna de 1891.

Para fins deste capítulo, é importante conhecermos apenas o texto do Decreto n. 7, de 20 de novembro de 1889, que dissolvia e extinguia as assembleias provinciais e fixava, provisoriamente, as atribuições dos presidentes (atuais governadores) dos estados. No parágrafo 12 daquele documento, lê-se que era atribuição dos estados promover a organização da estatística, a catequese e a civilização de indígenas, além do estabelecimento de colônias.

Em 1906, pela Lei n.º 1.606, de 29 de dezembro, criou-se o Ministério da Agricultura, a quem ficou atribuída a política indigenista no período. Como vimos em capítulo anterior, o Código Civil de 1916, além do Decreto n.º 5.484 de 1928, estabeleceu as definições legais do que era "ser índio" no Brasil na primeira metade do século XX.

A Constituição de 1934, promulgada durante o primeiro governo de Getúlio Vargas (1930-1945), é o mais antigo documento constitucional republicano a fazer referência aos índios. Pode-se atribuir esse

As Constituições de 1934 e de 1937

Com o término da Primeira República, houve a elaboração de uma nova Constituição. No que diz respeito aos povos indígenas, apresentou-se a mesma visão do período colonial, já que previa a incorporação dos "silvícolas" à sociedade nacional e o não reconhecimento da diversidade sociocultural existente nas sociedades indígenas.

Em seu Artigo 129, a Constituição de 1934 consagrava os títulos indígenas sobre suas terras, sendo vedada a alienação por terceiros. No texto constitucional houve um grande avanço na proteção aos direitos das populações indígenas, na medida em que foi aprovada a competência exclusiva da União para legislar sobre questões referentes aos índios. Assim, os indígenas não ficariam mais a mercê dos interesses locais/regionais de Estados (anteriormente províncias) e Municípios, como estiveram durante tanto tempo. A participação da bancada amazonense de parlamentares foi decisiva para incluir os direitos indígenas na Carta Magna e teve o apoio de São Paulo e do Rio Grande do Sul.

A intervenção de Cândido Mariano da Silva Rondon também foi importante para a aprovação de artigos que protegessem os direitos dos índios, que começaram a ser formalizados nesta Constituição. Pela primeira vez, foi estabelecido o respeito à "posse de terras de silvícolas que nelas se achem permanentemente localizados, sendo-lhes, no entanto, vedado aliená-las". No entanto, ressalta-se que as comunidades indígenas não foram reconhecidas como personalidade jurídica, como propunha um grupo de deputados na ocasião.

Vinculado aos preceitos do SPI, havia um "projeto civilizatório" que previa para os indígenas um enquadramento evolucionista encontrado nos vieses do Positivismo. Isso quer dizer que em relação à dimensão espacial das terras demarcadas, estas deveriam estar de acordo com o grau de contato dos índios com a sociedade não indígena, isto é, seriam demarcadas áreas maiores ou menores para o desenvolvimento da produçãoagrícola. A relaçãoterra–índiotinhacomopremissatransformá-los em trabalhadores nacionais ou em pequenos produtores rurais, entendendo que sua condição étnica seria "transitória".

Já a Constituição de 1937 (conhecida como "polaca"), outorgada pelo presidente Getúlio Vargas no mesmo dia em que implantou a ditadura do Estado Novo, é a quarta Constituição do Brasil e a terceira da República, de conteúdo pretensamente democrático. No que diz respeito aos indígenas, conservou o reconhecimento dos direitos às terras, apenas modificando os termos do Artigo 129 da Constituição anterior, agora sob o número 154. A importância para a temática indígena da nossa terceira Constituição republicana reside no fato de que os textos constitucionais estaduais de Amazonas, Pará, Maranhão e Mato Grosso passaram, desde então, a assegurar a posse das terras aos indígenas e a vedação à alienação das mesmas. Com o fim do Estado Novo e o processo de redemocratização, houve a necessidade de elaboração de nova Constituição.

As Constituições de 1946 e 1967

A Constituição de 1946, promulgada durante o governo de Eurico Gaspar Dutra (1946-1951), manteve os artigos da Constituição de 1934, transformando o antigo Artigo 129, posteriormente 154, em Artigo 216. O ex-presidente da república Artur Bernardes (1922-1926), então deputado federal constituinte, teve importante papel na defesa dos direitos das terras indígenas. A posse imemorial dos índios sobre as terras, de seus títulos anteriores aos de quaisquer outros ocupantes, foi finalmente reconhecida em texto constitucional. Como sucessores dos "primeiros donos", ficava assegurado aos índios o chamado *uti possidetis* das terras ocupadas por eles e seus descendentes. Os dispositivos constitucionais da Carta de 1946 constituíram, portanto, uma proteção permanente e não mais transitória dos direitos indígenas sobre as terras.

A Constituição de 1967, a sexta do Brasil e a quinta da República, buscou institucionalizar e legalizar o regime militar, aumentando a influência do Poder Executivo sobre o Legislativo e o Judiciário e criando,

Capítulo 4 **Direitos indígenas** 107

dessa forma, uma hierarquia centralizadora. No texto, a propriedade das terras indígenas foi atribuída à União, visando a impedir que os Estados dispusessem dessas terras, em detrimento dos índios, como de fato vinha ocorrendo há muitos anos (ver *box* a seguir). Apesar dos tempos de Ditadura Militar, houve destacada participação do Conselho Nacional de Proteção ao Índio (CNPI), órgão que havia sido criado em 1939 e que seria extinto no mesmo ano em que o SPI. Muitos embates e manobras foram tentados para que o texto constitucional de 1967 não trouxesse, com clareza, avanços no que diz respeito aos povos indígenas e suas terras. Finalmente, o Artigo 186 foi aprovado com a seguinte redação: "É assegurado aos silvícolas a posse permanente das terras que habitam, e reconhecido o seu direito ao usufruto exclusivo dos recursos naturais e de todas as utilidades nelas existentes".

> ### TENTATIVAS DA ASSEMBLEIA LEGISLATIVA DE MATO GROSSO DE TOMADA DAS TERRAS KADIWÉU (1957)
>
> Entre 1957 e 1958, a Assembleia Legislativa do Estado de Mato Grosso propôs a redução da área dos Kadiwéu de pouco mais de 300.000 hectares para 100.000 hectares. Na época, essa resolução provocou vários protestos e gerou um processo que foi julgado pelo Supremo Tribunal Federal (STF). Ignorando garantias constitucionais, os deputados (interessados em adquirir lotes dessas terras) aprovaram e remeteram à sanção do governador o Projeto de Lei n.º 1.077, tornando devolutas e revertendo ao domínio do Estado do Mato Grosso as terras concedidas aos índios Kadiwéu no início do século XX. A decisão da Assembleia foi derrubada pelo STF que, por meio do Recurso Extraordinário n.º 44.585, de 30 de agosto de 1961, deu ganho de causa aos indígenas Kadiwéu e manteve a área com os limites originais, posteriormente ampliada por uma nova demarcação, finalizada em 1984.

Após a promulgação da Constituição de 1967, houve uma Emenda Constitucional, em 1969, em que a propriedade das terras indígenas continuou sendo da União (Artigo 4º), a quem caberia legislar sobre as populações indígenas. O Artigo 198 da Emenda reconhecia o direito dos indígenas à posse permanente de suas terras, além do direito ao usufruto exclusivo das riquezas naturais e de todas as utilidades nelas existentes. As Constituições de 1934 a 1967 (incluindo a Emenda de 1969) não divergiram em relação à ideia de "incorporação dos indígenas à comunhão nacional", o que viria a mudar radicalmente somente com a Constituição de 1988.

A legislação internacional e o diálogo com as leis brasileiras

Em 1966, o Brasil promulgou o Decreto n.º 58.824, de 14 de julho, que estabeleceu a "Convenção 107 sobre a Proteção e Integração das Populações Indígenas e outras Populações Tribais e Semitribais de Países Independentes", da Organização Internacional do Trabalho (OIT), agência da ONU especializada nas questões do trabalho. Tal Convenção havia sido homologada em 1957 na sede da organização em Genebra, Suíça, e o Brasil fora um dos países signatários do documento. O texto da Convenção, contudo, previa a gradual integração dos povos indígenas às sociedades nacionais, já que postulava a necessidade de os Estados nacionais implementarem políticas integracionistas, com o objetivo de inserir os índios nas sociedades não indígenas, ainda que isso resultasse em abandono de modos de vida tradicionais. Essa legislação internacional esteve apoiada em ideias que orientaram, em grande parte, as políticas indigenistas brasileiras até o final da década de 1980. Pode-se afirmar que o Estatuto do Índio, de 1973, foi elaborado por influência direta da Convenção 107 da OIT.

A Convenção 169 sobre Povos Indígenas e Tradicionais em Países Independentes foi adotada pela OIT em 1989 e ratificada no Brasil em 2002. Trata-se de uma revisão da Convenção 107, cujo caráter assimilacionista e integracionista foi duramente combatido por povos indígenas e "tribais" (nomenclatura que no documento se refere a povos do continente africano) do mundo todo. A Convenção 169 foi uma resposta da ONU às reivindicações das populações indígenas pelo reconhecimento aos seus direitos políticos. A Convenção foi o primeiro documento internacional a adotar o termo "povos" para referir-se às populações indígenas e "tribais" como sujeitos de direito. Tal noção é usada para caracterizar coletivos com identidade e organização política e social próprias, assim como cosmologias e formas específicas de relacionamento com o território. A Convenção reconheceu também o direito dos índios à posse coletiva de seus territórios tradicionais, orientando os Estados signatários a adotarem medidas para sua garantia. Assim, podemos dizer que as disposições da Convenção 169 da OIT vão ao encontro dos dispositivos legais referentes aos índios da Constituição Federal de 1988.

A Constituição de 1988

Contrariamente aos propósitos do Serviço de Proteção ao Índio (SPI) e da Fundação Nacional do Índio (Funai), que sustentaram a integração do indígena à sociedade brasileira, a Constituição de 1988 propôs a garantia do direito à não integração. Isso significou o reconhecimento dos direitos coletivos em contraposição aos direitos individuais e o rompimento com o princípio da assimilação que direcionou as relações que permearam o Estado e as sociedades indígenas desde os tempos coloniais. A Constituição rompeu, portanto, com a tradição secular de integrá-los à sociedade brasileira, quando reconheceu aos índios o direito de manter as próprias culturas, quando passou a reconhecer o direito dos indígenas de continuarem a ser índios. Os direitos coletivos, que englobam os aspectos territoriais, culturais e sociais, acham-se vinculados a uma série de ajustes para que possam se fazer presentes no cotidiano indígena.

Entre os anos de 1987 e 1988, alianças celebradas entre o movimento indígena e o movimento de apoio aos índios dirigiram iniciativas sobre os direitos indígenas a serem contempladas na nova Constituição. A Assembleia Nacional Constituinte contou com a participação dos índios e de seus aliados, momento em que suas reivindicações foram encaminhadas e debatidas. A ampliação da definição de importantes garantias foi resultado desse processo de mobilização e pressão.

Assim, o princípio de que os índios são os primeiros "senhores da terra" está consagrado na Constituição de 1988, entendido como fonte primária de direitos, à frente de qualquer outro. Legitimou as terras tradicionalmente ocupadas pelos índios como bens da União, destinadas à posse permanente, com usufruto exclusivo das riquezas do solo, dos rios e dos lagos nelas existentes. As terras tradicionalmente ocupadas passaram a ser entendidas como aquelas habitadas, utilizadas e necessárias à preservação de recursos destinados à reprodução física e cultural. O texto constitucional também protegeu os grupos indígenas da transferência forçada, ao proibir a remoção de uma região para outra, utilizada com frequência pelo Estado até então, a exemplo dos Panará, no Mato Grosso, transferidos de suas terras para o Parque Indígena do Xingu no início da década de 1960, por ocasião da abertura da rodovia BR-163.

A perspectiva assimilacionista, que entendia os índios como categoria social "transitória", passíveis de serem incorporados à "comunhão nacional", não foi contemplada pela Constituição de 1988. Ao abandonar o termo "relativamente incapazes", presente no Estatuto do Índio, considerou a União como responsável em proteger e fazer respeitar os direitos indígenas.

Ainda em referência à capacidade civil, o atual texto constitucional, mesmo que não mencione de forma expressa, reconheceu em seu Artigo 232 a capacidade processual ao pronunciar que "os índios, suas comunidades e organizações, são partes legítimas para ingressar em juízo, em defesa dos seus direitos e interesses". Em outras palavras, quando seus direitos forem descumpridos, os índios podem, até mesmo, divergir juridicamente contra o próprio Estado. Mesmo que a Constituição Federal de 1988 não seja explícita quanto à capacidade civil dos indígenas, o Código Civil de 2002 retirou os índios da categoria de "relativamente incapazes", passando a matéria a ser regulada por legislação própria.

Desde a promulgação da Constituição, surgiram propostas para rever a legislação referente aos direitos dos índios. A partir de 1991, projetos de lei foram apresentados pelo Poder Executivo e por deputados que esperavam regulamentar dispositivos constitucionais e adequar a antiga legislação (Estatuto do Índio) aos termos da Carta Constitucional.

No início da década de 1990, uma proposta de Estatuto das Sociedades Indígenas foi apresentada para regulamentar os direitos coletivos reconhecidos aos índios, bem como as responsabilidades dos poderes públicos pela sua proteção. Como visto, tal proposta, contudo, encontra-se engavetada. Sem caracterizá-los como "incapazes", mas reconhecendo-os como uma parcela da sociedade brasileira culturalmente diferenciada, o Estatuto das Sociedades Indígenas pretende assegurar o respeito à organização social, costumes, línguas, crenças e tradições, reconhecendo o direito originário sobre as terras que os indígenas tradicionalmente ocupam.

Os direitos constitucionais dos índios estão expressos em oito dispositivos isolados, em um capítulo no título "Da Ordem Social" e em um artigo que consta do Ato das Disposições Constitucionais Transitórias. Eles são marcados por pelo menos duas inovações conceituais importantes. A primeira, como já vimos, é o abandono da perspectiva assimilacionista e a segunda é que os direitos dos índios sobre suas terras foram definidos enquanto direitos originários, isto é, anteriores à lei ou ato que assim os declarem. Isto decorre do reconhecimento do fato histórico de que os índios foram os primeiros ocupantes do atual Brasil. A nova Constituição estabeleceu, dessa forma, novos marcos para as relações entre o Estado e a sociedade brasileira, de um lado, e os povos indígenas, de outro.

Não há dúvida de que a Constituição Federal de 1988, além do reconhecimento aos direitos territoriais, trouxe importantes inovações aos direitos indígenas, quando, pela primeira vez, distinguiu o direito à diferença. Também determinou que os direitos dos índios sobre as terras que tradicionalmente ocupam são de natureza originária, ou seja, são anteriores à formação do próprio Estado, existindo independentemente de qualquer reconhecimento oficial. O *caput* do Artigo 231 apresenta a seguinte redação: "São reconhecidos aos índios sua organização social, costumes, línguas, crenças e tradições, e os direitos originários sobre as terras que tradicionalmente ocupam, competindo à União demarcá-las, proteger e fazer respeitar todos os seus bens".

O texto constitucional também ampliou o conceito de terras indígenas, definido no parágrafo 1º deste mesmo artigo: "São terras tradicionalmente ocupadas pelos índios as por eles habitadas em caráter permanente, as utilizadas para suas atividades produtivas, as imprescindíveis à preservação dos recursos ambientais necessários a seu bem-estar e as necessárias à sua reprodução física e cultural, segundo seus usos, costumes e tradições". A Constituição Federal, além de reconhecer aos índios o usufruto exclusivo das riquezas do solo, dos rios e dos lagos existentes nos territórios, permite o aproveitamento dos recursos hídricos, potenciais energéticos, pesquisa e lavra das riquezas minerais em terras indígenas, após autorização do Congresso Nacional. Além disso, devem ser ouvidas as comunidades afetadas, ficando-lhes assegurada a participação nos resultados da lavra, a garantia da inalienabilidade e indisponibilidade das terras indígenas e a imprescritibilidade dos direitos sobre elas.

Conclusão

Ainda que a Constituição Federal de 1988 tenha proporcionado enorme avanço no que se refere aos direitos dos povos indígenas, especialmente no que diz respeito à manutenção de suas culturas, há ainda um longo caminho a ser percorrido. A prática mostra que o compromisso de fazer valer o respeito aos direitos conquistados pelos indígenas consiste em uma árdua tarefa de todos, inclusive de professores e alunos. Interesses econômicos, antagônicos às práticas socioculturais indígenas, atingem territórios, aldeias e comunidades, quando desconsideram a existência do diferente.

Assegurar o cumprimento dos preceitos constitucionais consiste em um desafio que está posto a todos nós. Os índios, suas organizações, entidades de apoio, universidades, Ministério Público, sociedade brasileira e seus diversos componentes devem ser os responsáveis pela promoção do reconhecimento da diversidade cultural indígena. O êxito de tal tarefa vincula-se ao grau de comprometimento social e ao conhecimento da temática indígena. Ainda hoje, mesmo com a proteção da Constituição Federal, grande parte das terras indígenas sofre

Capítulo 4 Direitos indígenas

invasões, são cortadas por estradas, ferrovias, linhas de transmissão de energia elétrica e inundadas por usinas hidrelétricas.

Sem dúvida, a Constituição de 1988 trouxe um novo paradigma na relação entre o Estado, as sociedades indígenas e a sociedade não indígena. Ao romper com a proposta de integrar os índios no âmbito da sociedade brasileira, passou a reconhecer os direitos coletivos destes povos. A "Constituição Cidadã" garantiu aos índios o direito de permanecerem índios, bem como a manutenção de suas identidades étnicas e culturais. Também possibilitou a educação escolar indígena, alicerçada em instrumentos de valorização das línguas, dos saberes e das tradições indígenas.

Ainda que os outrora considerados "silvícolas" ou "selvagens" tenham se transformado ao longo do tempo, para permanecerem quem são, e que durante muito tempo tenham sido tutelados pelo Estado brasileiro, a situação atual se configura de maneira bastante distinta daquela do passado recente. Por força do texto constitucional, os índios nascidos no Brasil são considerados cidadãos brasileiros como todos os demais; são titulares de direitos e deveres inerentes à cidadania. À escola cabe promover o conhecimento desses direitos, tornando possível um comportamento que respeita e não discrimina.

Referências

ALBUQUERQUE, Antonio Armando Ulian do Lago. *Multiculturalismo e direito à autodeterminação dos povos indígenas*. Porto Alegre: Sergio Antonio Fabris, 2008. 312 p.

CARNEIRO DA CUNHA, Manuela. *Antropologia do Brasil: mito, história, etnicidade*. São Paulo: Brasiliense/Edusp, 1986. 173 p.

CARNEIRO DA CUNHA, Manuela (Org.). *Legislação indigenista no século XIX: uma compilação (1808-1889)*. São Paulo: Edusp/Comissão Pró-Índio de São Paulo, 1992. 362 p.

CARNEIRO DA CUNHA, Manuela. *Os direitos do índio: ensaios e documentos*. São Paulo: Brasiliense, 1987. 230 p.

COMISSÃO PRÓ-ÍNDIO/SP. *O índio e a cidadania*. São Paulo: Brasiliense, 1983. 100 p.

CORDEIRO, Enio. *Política indigenista brasileira e promoção internacional dos direitos das populações indígenas*. Brasília: Instituto Rio Branco/Fundação Alexandre Gusmão/Centro de Estudos Estratégicos, 1999. 171 p. (Curso de Altos Estudos do Instituto Rio Branco).

FREIRE, José Ribamar Bessa; MALHEIROS, Márcia Fernanda. *Aldeamentos indígenas do Rio de Janeiro*. Rio de Janeiro: Eduerj, 2009. 100 p.

JOSÉ DA SILVA, Giovani. *A Reserva Indígena Kadiwéu (1899-1984): memória, identidade e história*. Dourados: UFGD, 2014. 154 p.

MAGALHÃES, Edvard Dias (Org.). *Legislação indigenista brasileira e normas correlatas*. Brasília: Funai/Dedoc, 2002. 453 p.

SANTILLI, Juliana (Coord.). *Os direitos indígenas e a Constituição*. Brasília: Núcleo de Direitos Indígenas; Porto Alegre: Sergio Antonio Fabris, 1993. 312 p.

SOARES, Diego. *Antropologia Simétrica*. Disponível em <http://antroposimetrica. blogspot.com.br/>. Acesso em: 10 nov. 2017.

CAPÍTULO 5

CINEMA, TELEVISÃO E LITERATURA: NOVAS LINGUAGENS NO ENSINO DE HISTÓRIAS E CULTURAS INDÍGENAS

Introdução

Ao longo do século XX, o cinema e a televisão, dentro e fora do Brasil, criaram diversas representações imagéticas e sonoras a respeito das populações indígenas americanas. Na literatura brasileira, os indígenas já haviam ocupado um lugar de destaque, em obras como as de Gonçalves Dias e de José de Alencar, no século XIX, as de Lima Barreto, no início do século XX, entre outras. Na maioria das vezes, estas estiveram marcadas por estereótipos de toda sorte e veicularam ideias preconceituosas a respeito de quem foram/são os índios das Américas. Ora a figura do índio foi romantizada, ora associada à defesa intransigente da ecologia e, ainda, índios foram apresentados como indivíduos desprovidos de cultura. Fica, então, a pergunta: por que privilegiar essas linguagens em um livro que se propõe a desconstruir estereótipos e preconceitos sobre as culturas indígenas?

Com a habilidade e a capacidade críticas e construtivas dos professores, acreditamos ser possível desenvolver trabalhos pedagógicos de qualidade, apresentando e problematizando junto aos alunos tais representações. Afinal, a presença de preconceitos e/ou estereótipos pode funcionar como ponto de partida para comentários, reflexões, desconstruções e novas construções. Agindo assim, o público-alvo deste livro, o professor de História da Educação Básica, preferencialmente dos anos finais, pode promover e orientar debates interativos com seus alunos para incentivá-los a elaborar novas leituras das representações presentes nos filmes e nos demais materiais aqui apresentados a respeito das populações indígenas no passado e no presente. Não por acaso, este é o último capítulo do livro. Os capítulos anteriores se incumbiram de revelar dados necessários às leituras crítica e criativa dos significados, dos sentidos e das representações visuais, sonoras e textuais sugeridas nesta parte.

Sabemos que uma parcela dos livros didáticos que ainda chega às escolas brasileiras no início do século XXI trata da temática indígena reservando-lhe um lugar determinado: o "cenário" do descobrimento. Nesses livros os indígenas desaparecem da história narrada para os períodos posteriores à chegada dos europeus às Américas. Em alguns casos, há esparsas menções aos Maias, Incas e Astecas quando se trata da colonização do Novo Mundo. Não é incomum, portanto, que muitos alunos acreditem que índio seja "coisa do passado" ou que para ser índio é necessário que o indivíduo viva isolado nas matas, sem acesso ao mundo que o cerca. Com isso, restam poucas oportunidades para se debater a histórica presença dos índios e suas lutas, de ontem e de hoje, nas escolas.

Além da literatura, da televisão e do cinema há outras tantas linguagens que podem ser utilizadas pelos professores em suas aulas na apresentação e na reflexão sobre a temática indígena. Trata-se da música (inúmeros grupos indígenas têm CDs gravados, por exemplo), bem como materiais que reproduzem imagens relacionadas aos índios, tais como selos e cartões-postais. Mapas também podem auxiliar o professor a localizar espacialmente os grupos e discutir os deslocamentos e desaparecimentos de sociedades indígenas ao longo do tempo na história do país e do continente. A Funai (<www.funai.gov.br/>) e o IBGE (<www.ibge.gov.br>) possuem mapas, em seus respectivos *sites*, que ajudarão nessa tarefa. Enfim, há uma gama de possibilidades para que a escola revele a alunos e professores mais do que representações estilizadas do "ser índio".

Neste capítulo privilegiamos a literatura, o cinema e a televisão como possíveis recursos pedagógicos para a compreensão das histórias e das culturas indígenas. Os alunos já estão acostumados ao mundo de imagens e sons que lhes é oferecido por diferentes meios de comunicação e, muitas vezes, o que lhes falta é a possibilidade de reflexão sobre as ideias veiculadas por filmes, documentários, programas de televisão e narrativas literárias, entre outros.

Apresentamos, a seguir, reflexões teóricas sobre os usos da literatura, do cinema e da televisão no ensino de História, voltados para a temática indígena. Desejamos, assim, estimular o diálogo de forma a promover os debates a respeito da diversidade étnica e sociocultural, seja no passado ou no presente, no Brasil e em outros países do continente americano.

Por que usar literatura, cinema e televisão no ensino da História ligada à temática indígena?

A atual realidade educacional brasileira exige que professores façam uso de novos conhecimentos e tecnologias, de modo a adequar o ensino às demandas dos alunos por cursos mais dinâmicos e mais sintonizados com a cultura audiovisual tão presente no cotidiano de todos nós. Na esfera dos recursos pedagógicos, a educação escolar, imbricada nos distintos universos socioculturais, vem ampliando o repertório de materiais que faz uso de diferentes linguagens e formatos. Na primeira década do século XXI, a obrigatoriedade do ensino de histórias e culturas indígenas nos currículos das redes de ensino brasileiras, instituída pela Lei n.º 11.645/2008, contribui para valorizar a diversidade étnica e cultural no ensino e na aprendizagem da História do Brasil, proporcionando uma formação integral e cidadã.

No conjunto de materiais disponíveis para o estudo de histórias e culturas indígenas encontram-se, pois, o cinema e a televisão. Além de estimularem o conhecimento científico, seus usos buscam múltiplos entendimentos sobre modos de existência e de comportamentos de distintos grupos sociais em diferentes temporalidades e espacialidades. Mesmo que o cinema e, mais ainda, a televisão possam ser alvos de críticas, os professores têm condições de converter o espaço escolar num lugar em que esses recursos sejam mais bem aproveitados, de forma que os alunos não se tornem apenas meros espectadores, mas possam construir crítica e criativamente o conhecimento. Assim procedendo, professores e alunos lançam mão de procedimentos pedagógicos capazes de problematizar os conteúdos veiculados tanto pelo cinema quanto pela televisão.

Para que filmes e/ou programas televisivos sejam utilizados em sala de aula com esse propósito é preciso que o professor faça um exame minucioso do que vai apresentar e assim garanta que os alunos questionem os diálogos e debates surgidos no decorrer das atividades. Isso porque, para além do enriquecimento de conteúdos curriculares, o uso de fontes audiovisuais significa que "o que está em jogo não é o conteúdo específico do produto, mas o consumo de uma mercadoria simbólica que nos reafirma como parte de uma sociabilidade massificada e nos torna indivíduos integrados ao sistema capitalista" (NAPOLITANO, 2007, p. 33). A adoção de procedimentos básicos nos usos do cinema e da televisão em sala de aula oportuniza aos alunos compreenderem os recursos audiovisuais como portadores de representações e ideias, instigadoras de debates e não somente como veículos de entretenimento.

No entendimento de que a escola, nos dias de hoje, não representa o único espaço de formação e propagação de valores éticos, políticos, estéticos e de aquisição de saberes, a utilização do cinema e da televisão pode servir de complementação e enriquecimento dos conteúdos escritos. Sabemos que a escrita é usualmente tomada como base do conhecimento escolar. A escola precisa dispor de outras possibilidades que auxiliem professores e alunos a valorizar as oralidades e as culturas visuais e sonoras, apoiada em suportes que visem ao enriquecimento de trabalhos pedagógicos. Deve, também, estimular o aluno na compreensão e na interpretação de conhecimentos que apresentem olhares múltiplos diante do mundo que o rodeia, desvinculados de "fabricações" de verdades únicas e absolutas sobre determinada temática.

Os usos do cinema e da televisão no ensino de histórias e culturas indígenas na Educação Básica mostram-se relevantes na superação de preconceitos e atitudes discriminatórias presentes nas escolas dos dias atuais. As ações de promoção de uma educação cidadã devem estar em sintonia com o mundo em que vivem crianças e jovens e se preocuparem em transmitir conteúdos, atitudes e procedimentos que contribuam para a construção de uma sociedade justa e igualitária, cujo objetivo maior seja a promoção da "Cultura pela paz". Dessa forma, torna-se possível a garantia do respeito e da preservação das culturas dos diferentes grupos sociais responsáveis pela formação histórica do Brasil, possibilitando aos alunos reconhecerem-se e reconhecerem que vivem em uma sociedade pluriétnica e multicultural.

Assim, o emprego do cinema e da televisão no ensino de histórias e culturas indígenas estimula, desenvolve e orienta a formação de alunos, aperfeiçoando o conhecimento e a compreensão, não apenas cognitivos, mas, também, afetivos, éticos e morais, das representações e ideias que forjam o "ser índio", ontem e hoje. Diante da frequente construção da imagem do índio estereotipado, romantizado, genérico e daquele que "impede o desenvolvimento do Brasil", torna-se necessário desnaturalizar tais concepções reprodutoras de noções que fortalecem visões deturpadas e preconceituosas. "Ser índio", no passado e no presente, está associado a trajetórias históricas distintas, a variados contextos linguísticos, a universos diferenciados de costumes e tradições que são específicos de cada uma das mais de duzentas etnias que hoje habitam o território brasileiro.

Os usos de recursos audiovisuais consistem, portanto, em fonte de educação para a cidadania e podem enriquecer os conteúdos de livros didáticos e de outros materiais disponíveis sobre a temática. Assim, as escolas precisam promover um ideário de respeito à diversidade, a partir da adoção de propostas pedagógicas que propiciem outras abordagens a atividades costumeiramente envoltas em concepções cristalizadas em um viés colonialista. Em sala de aula, a utilização do cinema e da televisão consiste em uma contribuição para o conhecimento do mundo, de si mesmo e do Outro. Contudo, há que se afastar de armadilhas como, por exemplo, as formas pelas quais os recursos audiovisuais são apresentados aos alunos, geralmente como um passatempo, de caráter ilustrativo. Tais recursos podem e devem auxiliar os alunos a compreender a diversidade de valores que perpassam seus modos de ser, pensar, sentir e agir, bem como dos demais membros da sociedade em que vive, indígenas e não indígenas.

Para além do gosto pelo cinema e pela televisão, o emprego destes recursos assume papel de destaque no ensino-aprendizagem, quando se associa a conteúdos trabalhados em sala de aula, em uma proposta integradora de saberes de diferentes componentes curriculares: História, Geografia, Literatura, Artes, entre outros. A proposta pode vincular-se aos Temas Transversais, no caso da temática indígena, especialmente à Pluralidade Cultural, contribuindo, de maneira crítica, na construção de uma postura ética que visa a eliminar relações sociais discriminatórias e excludentes que ainda permeiam a sociedade brasileira. Entender o significado do tema Pluralidade Cultural é também refletir sobre as ideias e as condutas de homens e mulheres, calcadas na Ética, outro tema transversal a ser trabalhado.

Na integração de conteúdos curriculares e recursos tecnológicos, entendida como processo formativo do ensino e aprendizagem, os diálogos entre recursos audiovisuais e a palavra escrita devem ser o indutor do processo pedagógico, ao propor leituras consistentes dos códigos audiovisuais, muitas vezes apreendidos somente de forma mecânica. Assim, cinema e televisão propiciam ao aluno desenvolver o senso crítico, estético, político e cultural sobre o mundo. É primordial que a prática docente se construa em procedimentos teóricos e metodológicos que concorram para a sistematização das informações recebidas das obras cinematográficas e televisivas, a fim de que possam estar vinculados aos conteúdos curriculares da Educação Básica.

Diante do fato de que a mídia tem desempenhado grande influência na formação humana, o ato de assistir ao filme e/ou ao programa de televisão pode ser um momento de ir além de "ver imagens", limitando-se a consumi-las. Novas representações, que desconstroem ideias preconceituosas acerca do índio na sociedade brasileira, são resultados de reflexões feitas a partir de imagens e sons oferecidos pelo cinema e pela televisão. Esse delineamento afasta-se da ideia de que alunos, na condição de espectadores, estão restritos à condição de meros receptores e consumidores passivos de produções audiovisuais.

Ao longo do capítulo indicamos algumas obras do cinema e da televisão, nacionais e estrangeiras, que podem auxiliar os professores a transversalizar os conteúdos das diferentes disciplinas da Educação Básica no que diz respeito às histórias e culturas indígenas. Sugerimos que os professores assistam (mais de uma vez) aos filmes, capítulos de novelas e/ou séries que sejam significativos para as discussões que desejam realizar em sala de aula. Pode-se criar um roteiro para que os alunos acompanhem a projeção e pedir que observem determinados aspectos representados na obra. É importante que os estereótipos contidos nas imagens, sons e falas sejam discutidos e compreendidos como formas de se representar os indígenas e que tais representações dependem do momento em que foram produzidas.

O cinema e a televisão são ferramentas que devem ser apropriadas para o conhecimento das histórias e das culturas indígenas. Novos problemas, novos métodos e novas abordagens incorporam-se, assim, ao ensino e à aprendizagem da História. A mediação do professor é fundamental para que os alunos construam não apenas produções escritas, tais como relatórios e resenhas, mas que se utilizem de variados recursos (desenho, teatro, etc.), além de produções audiovisuais próprias, para expressarem o entendimento dos conteúdos de filmes e/ou de programas de televisão. É preciso, portanto, que o aluno aprenda a perceber-se naquilo que vê, que faça sentido e tenha significado para ele. Recorrendo à literatura e utilizando-se das palavras do poeta mato-grossense Manoel de Barros, "é preciso trans-ver o mundo".

A utilização da literatura no ensino de histórias e culturas indígenas na Educação Básica, em suas diversas formas (romances, contos, crônicas, poesias, etc.), pode ser outra desafiadora e proveitosa experiência pedagógica, além de estabelecer interessantes diálogos e debates com os demais componentes curriculares. Para tanto, os professores devem estar atentos à utilização de obras literárias que não sirvam apenas à introdução, ilustração ou leitura de determinado assunto, pois isso empobreceria as maneiras como a linguagem pode ser aproveitada em sala de aula. Assim, quando os alunos são convidados, por exemplo, a problematizarem as intenções de escritores e ilustradores, estabelecem conexões com o que é estudado em aulas de História, Artes, Literatura, etc.

Atualmente, há um vasto acervo a ser explorado a respeito da temática indígena na literatura, nacional e estrangeira. Autores indígenas e não indígenas têm obras que versam sobre mitologias, costumes e tradições, além de apresentarem as culturas visuais de diversos grupos. Um aspecto instigante é pensar o "lugar do índio" na literatura nacional, desde, por exemplo, as obras do Romantismo, no século XIX, até os dias atuais em que autores indígenas se apresentam como transmissores de narrativas "autênticas", por suas autodeclaradas ascendências. Aos professores, cabe a complexa tarefa de conhecer esse acervo, refletir sobre tal produção e apresentar aos alunos a literatura relacionada à temática.

Produções literárias comumente chamadas de "lendas" e apresentadas como "manifestações folclóricas do índio brasileiro" podem ajudar nas discussões a respeito da mitologia como forma diversa de explicação das origens do mundo e dos seres humanos. A verificação de outras lógicas narrativas, tais como histórias que dispensam um "final feliz" ou "a moral da história" se apresentam como ricas possibilidades para o trabalho pedagógico. Sempre que forem apresentadas aos alunos, tais narrativas devem ser acompanhadas de informações sobre os povos que as produziram, afastando-se, portanto, da ideia de um "índio genérico" que inventa histórias fantasiosas por desconhecer a lógica científica não indígena.

A literatura no ensino de histórias e culturas indígenas pode ser importante aliada de professores e alunos na transversalização de conteúdos sobre a temática. Além de diversificar a prática pedagógica, os usos de obras literárias como documentos interdisciplinares introduzem conhecimentos históricos e estimulam em crianças e jovens o gosto e o prazer pela leitura, além de sua valorização. O passo seguinte é promover a reflexão sobre o que foi lido, estimulando a criatividade e a criticidade, construindo novos conhecimentos, revendo ideias

Capítulo 5 Cinema, televisão e literatura **123**

cristalizadas a respeito das presenças indígenas no Brasil e nas Américas, promovendo o respeito por essas presenças e seu valor como patrimônio humano. Em outras palavras, a literatura, bem como o cinema e a televisão, entre outras linguagens, colabora para a formação cidadã e integral de alunos e de professores.

Representações de índios no cinema e na televisão

O cinema, especialmente o norte-americano, já apresentou imagens e sons a respeito de indígenas, em filmes de faroeste em que, invariavelmente, criaram tramas que levavam o público a torcer para que mocinhos "brancos" e "civilizados" (representados emblematicamente, por exemplo, pelos *cowboys* de John Wayne) derrotassem "feios" e "selvagens" Apache, Cherokee, Sioux, etc. Apesar disso, outras representações foram surgindo ao longo do tempo, algumas mais, outras menos condizentes com a realidade histórica vivida por povos indígenas em diferentes pontos geográficos das Américas. Este material merece ser mais bem conhecido e estudado por professores e alunos interessados no aprofundamento da temática.

Para tanto, há inúmeras produções cinematográficas (longas-metragens estrangeiros e nacionais, documentários, filmes de animação e curtas-metragens) a serem exploradas dentro e fora das salas de aula. A relação aqui apresentada não pretende ser exaustiva e tampouco esgotar as inúmeras possibilidades que a utilização do cinema e da televisão no ensino de histórias e culturas indígenas pode proporcionar aos trabalhos pedagógicos. Ao final do capítulo, apresentamos a ficha técnica de cada título abordado, com as informações essenciais sobre cada obra.

Entre os filmes de longa-metragem estrangeiros que tratam a temática indígena citamos *A educação de Pequena Árvore* (EUA, 1997); *A missão* (Reino Unido, 1986); *Brincando nos campos do Senhor* (EUA/Brasil, 1991); *O pequeno grande homem* (EUA, 1970) e *O último dos Moicanos* (EUA, 1992). Entre as produções cinematográficas brasileiras merecem destaque: *Avaeté: semente da vingança* (Brasil/Alemanha, 1985); *Brava gente brasileira* (2000); *Terra vermelha* (2008); *Xingu* (2011) e, finalmente, *Yndio do Brasil* (1995), este último um documentário.

Como se verá a seguir, as questões pontuadas para cada um dos filmes são apenas sugestões que poderão orientar o trabalho em sala de aula. Certamente, cada professor há de saber como e quando abordar outros itens referentes a cada uma das produções cinematográficas aqui listadas.

Filmes de animação podem ser trabalhados junto a crianças e a adolescentes do Ensino Fundamental, tais como *Irmão urso* (EUA, 2003); *O caminho para El Dorado* (EUA, 2000); *Pocahontas* (EUA, 1995) e *Spirit: o corcel indomável* (EUA, 2002).

Breve análise de filmes sobre a temática indígena

Em *A educação de Pequena Árvore*, a história se passa durante a chamada Depressão Americana (década de 1930) e mostra, sem ser maniqueísta ou idealista, uma criança indígena dividida entre lealdades a dois mundos: o indígena e o não indígena. O professor pode abordar inúmeros aspectos sobre a vida dos índios, especialmente no tocante aos preconceitos e discriminações alimentados pelas sociedades não indígenas. O índio Pequena Árvore sintetiza as ambiguidades vividas por indígenas em intenso contato com "brancos": como continuar sendo índio e, ao mesmo tempo, viver em um mundo cujas referências são outras e tão diferentes de sua cultura original? Diferentemente de outros filmes da época, em que os indígenas eram representados por não indígenas travestidos de índios, neste, houve a sensibilidade de se escolher um ator de origem Cherokee, Joseph Ashton, para interpretar Pequena Árvore. Para muitos, esse aspecto pode ser um mero detalhe, mas, na realidade, já indica uma forma de valorização das culturas indígenas americanas.

No filme *A missão*, que se passa em meados do século XVIII, Rodrigo Mendoza (personagem que representa um caçador de indígenas) mata o próprio irmão na disputa pela mulher que ama. O remorso o leva a rever a vida e se juntar a missionários jesuítas, nas florestas sul-americanas, onde fará de tudo para defender os índios que antes escravizava e comercializava. Há a presença de indígenas no filme, interpretando os antigos Guarani reduzidos em missões. Apesar de criticado por mostrar certa visão edulcorada da vida nas missões jesuíticas, o filme tem o mérito de apresentar, em tom realista, algumas questões bastante pertinentes para os debates em sala de aula, como, por exemplo, cenas em que se discute se, de fato, os índios possuíam ou não alma, polêmica que se estendeu por séculos.

Além disso, a reconstituição da época é bastante verossímil, trazendo o contexto histórico marcado pelas disputas territoriais entre Portugal e Espanha, decorrentes do Tratado de Madri (1750). Menções à chamada Guerra Guaranítica (1750-1756), ocorrida no atual Rio Grande do Sul, podem ser feitas a partir de cenas do filme, que explora as belas paisagens naturais entre Argentina, Brasil e Paraguai. O filme trata de outra questão importantíssima: a decisão de a Igreja pôr fim às missões jesuíticas nas Américas em troca da sobrevivência da ordem religiosa na Europa. Esta é a razão principal da guerra travada entre as missões e os exércitos ibéricos. Tal questão é muito importante para que os jovens estudantes possam perceber que a sobrevivência de culturas indígenas não era um fato isolado. Ao contrário, achava-se vinculada a interesses históricos externos às comunidades. Muitas questões referentes à catequese jesuítica de indígenas, por nós tratadas anteriormente, encontram-se presentes neste filme. Abordá-las após a exibição pode ser uma forma de ampliar o escopo da reflexão sobre a questão indígena no período colonial.

Em *Brincando nos campos do Senhor*, um casal de missionários e seu filho pequeno embrenham-se na floresta amazônica brasileira para catequizar os (fictícios) índios Niaruna. As intenções religiosas e a harmonia entre índios e não índios no local ficam instáveis devido à presença de um mercenário descendente de índios norte-americanos. O filme apresenta reflexões interessantes sobre a presença religiosa entre os povos indígenas e as consequências dos contatos marcados pela intolerância entre culturas distintas. Cenas de incompreensão mútua entre aquilo que pregam os missionários e no que acreditam os índios podem ser utilizadas para a proposição de debates a respeito de como, na contemporaneidade, a ideia de "civilizar" indígenas, além de "salvar-lhes as almas", ainda marca o trabalho das igrejas. A ideia de "colonização simbólica", ou seja, de se colonizar não mais por meio de armas e da violência, mas utilizando-se da religião, da escrita escolar (assim como em *A educação de Pequena Árvore*) ou de outras formas de persuasão, é uma maneira interessante de se estimular as discussões em sala de aula.

O pequeno grande homem narra a trajetória de Jack Crabb, um homem não indígena de 121 anos, que encontra alguém disposto a ouvir suas histórias. O velho relembra sua vida e conta o que lhe ocorreu, da infância à fase adulta, entre índios e não índios. Quando pequeno, fora capturado por índios Cheyenne e passou a conviver com eles. Depois de adulto, tornou-se um fracassado pistoleiro, casou-se com uma indígena e assistiu ao assassinato dela pelas tropas do General Custer, de quem tinha se tornado guia. O filme ainda retrata a famosa batalha de Little Bighorn, ocorrida em 25 de junho de 1876. Naquela ocasião, o exército norte-americano sofreu uma dura derrota ao enfrentar a maior concentração de índios em guerra na história dos Estados Unidos da América. O filme pode auxiliar discussões sobre a moralidade cristã e suas investidas contra crenças e sexualidades indígenas, além de ensejar reflexões sobre os processos de colonização nas Américas, que exterminaram vastas populações nativas.

No longa-metragem *O último dos Moicanos*, ambientado no século XVIII, em meio à guerra entre franceses e ingleses pela posse do continente norte-americano, um não indígena criado por índios Moicano não quer participar da guerra, mas se vê obrigado a isso ao defender um agrupamento de soldados e a filha de um oficial britânico. O filme apresenta, convincentemente, um retrato do extermínio das populações indígenas nos Estados Unidos, a partir dos eventos conhecidos em conjunto como "Conquista do Oeste Americano". O Moicano do título é um personagem que se vê dividido entre dois mundos: o indígena e o não indígena. As escolhas feitas pelos personagens ao longo da trama revelam características desses dois mundos e lógicas distintas no que diz respeito às formas de entendimento da natureza, da guerra e dos conflitos humanos. O filme pode promover discussões a respeito do extermínio de populações indígenas ao longo da história dos países americanos.

Avaeté: semente da vingança é um filme de ficção que faz referências a fatos reais envolvendo massacres de índios Cinta-Larga (autodenominados *Matetamãe*) ocorridos na região do atual município de Juína, Estado de Mato Grosso, entre as décadas de 1960 e 1970. Índios da etnia Rikbaktsa participaram das filmagens que contam a história de uma criança indígena que sobreviveu a um dos massacres e que passa a ser protegida pelo cozinheiro da expedição criminosa, que estava a mando de uma empresa. O filme discute, por meio da história da chacina de um grupo indígena, o extermínio de populações indígenas no Brasil, em pleno século XX, em nome do "progresso", do "desenvolvimento" e dos interesses de grupos políticos e econômicos na Amazônia brasileira.

Brava gente brasileira se destaca por apresentar indígenas da Reserva Kadiwéu, de Mato Grosso do Sul (onde foi parcialmente filmado), interpretando, em língua indígena, seus antepassados Guaikuru. O filme retrata a relação conflituosa entre portugueses e índios no século XVIII, em terras então disputadas por Portugal e Espanha. A decisão da direção do filme em não legendar as falas dos índios causa o estranhamento desejado ao se retratar o encontro entre distintas culturas. Embora inicialmente possa parecer um obstáculo para a compreensão das ações e das ideias veiculadas pelos personagens, é possível conhecer um pouco da história dos índios no Brasil, por meio de representações dos antigos "índios cavaleiros" e de seus costumes e tradições.

Já *Terra vermelha* conta com a participação de indígenas Guarani, da Reserva de Dourados, Mato Grosso do Sul, interpretando a si próprios. Naquele estado, a comunidade indígena Guarani-Kayowá luta para retomar suas terras ocupadas por fazendeiros pelo menos desde o final do século XIX, e os graves problemas decorrentes do contato levam muitos índios ao suicídio, mostrado de forma realista e contundente. Durante a retomada de terras tradicionais, um jovem indígena Kayowá, vive um encontro com a filha de um fazendeiro, o que desencadeia reações em ambos os lados. As cenas iniciais, em que indígenas se vestem de forma estereotipada para agradar a turistas que passeiam pela região e pagam pelo serviço, é instigante para se utilizar em sala de aula e promover debates acerca do "ser índio" contemporâneo e de suas representações.

O filme *Xingu* também traz a participação de indígenas, alguns dos quais teriam vivido as situações retratadas no filme, que conta a trajetória dos irmãos Villas-Bôas a partir do momento em que se alistam na Expedição Roncador-Xingu, que fazia parte da Marcha para o Oeste, preconizada pelo governo Vargas em 1943. A maior parte das filmagens ocorreu no Tocantins e no Parque Indígena do Xingu, durante um período de dez meses. Uma adaptação televisiva em quatro episódios foi exibida pela Rede Globo de Televisão, entre 25 e 28 de dezembro de 2012. O interesse do filme está, sobretudo, na reconstituição de uma história verídica ocorrida no final da primeira metade do século XX e que culminou com a criação do Parque em 1961. Os dilemas enfrentados pelos sertanistas são bem retratados, assim como as reações dos índios à intromissão de não indígenas em suas vidas e terras.

O documentário *Yndio do Brasil* é uma "colagem" de dezenas de filmes nacionais e estrangeiros de ficção, cinejornais e documentários, revelando como o cinema representou os índios no Brasil desde quando foram filmados, pela primeira vez ao que se sabe, em 1912. As imagens são acompanhadas por músicas temáticas e poemas que transportam o espectador a um universo marcado pela ambiguidade, entre o idílico e o preconceituoso, o religioso e o militarizado, o cruel e o mágico. A partir da exibição de trechos do documentário, é possível se fazer propostas de trabalho junto aos alunos, verificando-se, por exemplo, com quais imagens mais se identificam e o porquê dessa identificação. O documentário faz críticas ao racismo e à atuação da Igreja Católica junto aos povos indígenas.

O caminho para El Dorado é um filme de animação e comédia que se passa no século XVI. A trama desenvolve-se em torno de dois personagens principais, Túlio e Miguel, que, durante um jogo em que usam dados "viciados", ganham um mapa que mostra a suposta localização de El Dorado, cidade de ouro lendária no Novo Mundo.

No entanto, a trapaça de ambos os amigos é revelada e, como resultado, acabam por se tornar clandestinos, seguindo a frota de Hernán Cortés para conquistar o México. Ao serem descobertos, porém, conseguem escapar em um barco, com um cavalo chamado Altivo. Chegando a El Dorado, os dois são confundidos com deuses e vivem muitas confusões. El Dorado é retratado como uma "civilização utópica" que combina características dos antigos Astecas, Maias e Incas. O interesse pelo filme está em apresentar às crianças aspectos das chamadas "civilizações pré-colombianas", mostradas no filme com graça e esmero, além de discutir a presença europeia nas Américas no século XVI, desejosa por encontrar metais preciosos e exterminar quem lhe fizesse oposição.

Irmão urso conta a história de Sitka, Denahi e Kenai, irmãos de origem indígena indefinida. Quando Kenai ganha seu totem (o urso do amor) não entende o ocorrido, pois ele acha que os ursos são monstros que não amam. Os irmãos vão tentar recuperar um cesto roubado por um urso; Sitka luta com o animal, mas acaba por ser morto quando a geleira em que estão se debatendo se rompe. Com isso, Kenai mata o urso para vingar a morte do irmão, mas os espíritos ancestrais o transformam em um animal. Kenai fica desesperado para voltar à forma humana e procura a xamã da aldeia para lhe ajudar, porém, ela diz que o único jeito é ir até a montanha onde as luzes tocam o chão (aurora boreal) e onde está seu irmão Sitka. Durante a viagem, Kenai encontra Koda, um ursinho órfão e o adota. O filme pode auxiliar o professor a introduzir a temática indígena junto a crianças pequenas, explorando aspectos como o respeito às forças da natureza e a coesão interna dos grupos indígenas.

Pocahontas é uma animação inspirada em um personagem real, nesse caso, na lenda que cerca a índia norte-americana Pocahontas, que nasceu em 1595 e morreu em 1617. Um navio parte da Inglaterra com o objetivo de aportar no Novo Mundo, tendo a bordo o governador Ratcliffe, que está ansioso por encontrar ouro, e o capitão John Smith. Ao chegarem, Smith decide explorar o mundo desconhecido e encontra Pocahontas, uma índia Powhatan por quem se apaixona. Os povos indígenas e os ingleses logo entram em guerra, já que estão em disputa pelas terras da América. Aspectos das culturas indígenas na América do Norte podem ser explorados pelo professor por meio do filme, que sofreu inúmeras críticas de parte dos povos indígenas envolvidos quando foi lançado. Estereótipos veiculados por Pocahontas (tais como a ideia de que os índios pertencem à natureza, em oposição à cultura, sendo, portanto, "selvagens") podem e devem ser trazidos para o debate em sala de aula.

Spirit: o corcel indomável se passa no final do século XVII, no Oeste estadunidense, onde vive Spirit, um cavalo que resiste a ser domado pelos homens. Ele se apaixona por uma égua malhada chamada Chuva e desenvolve grande amizade com um jovem índio Lakota, o Pequeno Rio. Juntos, eles acompanham a colonização europeia do local onde vivem, percebendo as mudanças que a chegada dos não índios trazem ao seu cotidiano. O interesse nesse filme de animação pode ser a observação do encontro/desencontro entre culturas diferentes e a forma como índios e não índios percebem seu entorno e lidam com o Outro em suas vidas. Embora focalizado na história de um cavalo, *Spirit* pode ensejar férteis debates entre as crianças, desconstruindo preconceitos e a ideia equivocada de uma colonização realizada de forma pacífica nas Américas.

Os filmes aqui listados e comentados são uma amostra da produção cinematográfica, nacional e estrangeira, que ao longo de mais de um século vem representando indígenas, com maior ou menor precisão, nas telas de cinema. Cuidados como a observação da faixa etária a qual se destina o filme, entre outros, devem ser tomados pelo professor. Tais cuidados deverão ser tomados também quando da exibição de programas de televisão que abordem a temática indígena.

A televisão já retratou populações indígenas em diversas produções, geralmente com as ideias estereotipadas dos índios vistos como "atrasados", "primitivos", "exóticos" e/ou "folclóricos". Provas disso são telenovelas como *Uga-Uga* (Rede Globo, 2000/2001) e *Bicho do Mato* (Rede Record, 2006/2007), em que personagens de origens indígenas aparecem associados exclusivamente à natureza (e, portanto, "sem cultura") ou em "estado selvagem", quando não são

Capítulo 5 Cinema, televisão e literatura **131**

ridicularizados nas tramas. Há, contudo, honrosas exceções para as quais os professores podem estar atentos, apresentando aos alunos a temática indígena de forma geral e problematizando junto a eles as representações que determinadas produções veiculam a respeito dos povos indígenas do passado e do presente no Brasil. Para fins deste livro, apresentamos sugestões que ao longo das últimas décadas mostraram ao público brasileiro a temática indígena com certa qualidade e profundidade, construindo personagens complexas e dramaturgicamente ricas.

As produções em questão são: *Alma Gêmea* (Rede Globo, 2005/2006), *A muralha* (Rede Globo, 2000), *Aritana* (TV Tupi, 1978/1979) e *Rondon: o grande chefe* (Canal Brasil, 2014), ainda que *Alma Gêmea* e *Aritana* não possam ser encontradas atualmente em formato DVD. *A muralha*, minissérie feita em comemoração aos 500 anos da chegada dos portugueses às Américas, pode ser encontrada no formato, e *Rondon: o grande chefe*, microssérie exibida pela Rede Globo e pelo Canal Brasil entre 2014 e 2015, pode ser acessada pela internet.

Alma Gêmea é uma telenovela brasileira produzida e exibida pela Rede Globo. Nos primeiros capítulos, a telenovela contou com a participação de cerca de 70 indígenas Guarani-Mbyá, trazidos do litoral fluminense, além da consultoria de um antropólogo e historiador. A trama se passa em dois momentos distintos, décadas de 1920 e 1940, e mostra a história de Serena, vivida por Priscila Fantin na fase adulta, uma mestiça, filha de índia com não índio, que após um ataque à aldeia promovido por garimpeiros, parte para São Paulo. *Alma Gêmea* tem inspiração nos índios Kadiwéu, de Mato Grosso do Sul, e mostra rituais de pajelança, além de discutir a ganância de não índios sobre as terras indígenas. Eventos como a "Festa da Moça" (de iniciação feminina) e de "batismo" de uma criança, além do uso de linguagem indígena, podem ser observados nos primeiros capítulos da telenovela. A caracterização dos indígenas também chama a atenção, pois se distancia dos estereótipos de índios com tangas e cocares. Além disso, é possível perceber o cuidado da produção na reconstituição de uma aldeia no Pantanal de Mato Grosso, bem como a indumentária, a pintura corporal e os adereços utilizados.

Anterior à *Alma Gêmea*, *Aritana* é uma telenovela produzida pela extinta TV Tupi. Aritana é filho de uma indígena e um não índio que vive no Xingu. Tem um tio, a quem ele chama de "pai", que é um rico fazendeiro e não quer dividir a herança com o sobrinho, além de pretender negociar as terras onde vivem os indígenas com um grupo norte-americano. Para defender os interesses dos índios, Aritana vai para a cidade, onde conhece uma médica veterinária, por quem se apaixona. Já próxima da falência que a obrigou a fechar as portas, a TV Tupi conseguiu com a telenovela *Aritana* um razoável sucesso de público e boa repercussão, tratando da temática indígena e das diferenças entre índios e "não índios", estes últimos citados na trama como pertencentes à sociedade "civilizada". Para escrever *Aritana*, a autora Ivani Ribeiro contou com a assessoria dos sertanistas irmãos Villas-Bôas. O tema de abertura da novela, "Kraho", foi gravado pela cantora e pesquisadora Marlui Miranda, em língua indígena. Na trilha sonora, há ainda outras canções a respeito da temática, tais como "Cara de índio", de Djavan. O nome "Aritana" pode evocar em alguns alunos a lembrança de um *game* (jogo eletrônico) de mesmo nome, vagamente inspirado na cultura indígena.

A muralha foi uma minissérie produzida e exibida pela Rede Globo. A história se passa no final do século XVI (embora no romance original que inspirou a série as ações se passem no século XVIII), e mostra as relações entre índios (chamados de "negros" ou "negros da terra") e não índios na antiga capitania de São Paulo. A minissérie foi lançada em virtude das comemorações dos 500 anos da chegada dos portugueses ao Brasil. A reconstituição de época é bem-feita e a história explora a saga dos chamados "bandeirantes" rumo ao interior do país, por meio de personagens verossímeis. Entre os atores indígenas que aparecem ao longo da história, vemos índios Xavante, interpretando os primeiros contatados pelos portugueses. As aldeias e vilas foram retratadas de forma que os detalhes remetessem o espectador ao período colonial e às intrincadas relações entre a Igreja Católica, as instituições políticas e as populações indígenas, então escravizadas e/ou reunidas em torno de missionários jesuítas. *A muralha* pode, ainda, estabelecer conexões entre a televisão e a literatura, pois foi construída a partir do romance de Dinah Silveira de Queiroz.

No docudrama (mistura de documentário e ficção) *Rondon: o grande chefe*, alguns pesquisadores aparecem comentando determinadas passagens da vida e da obra do sertanista Cândido Rondon, diretor do Serviço de Proteção aos Índios (SPI) durante anos. Nascido em Mato Grosso, o Marechal Rondon ficou famoso como um desbravador do interior do país, sob o lema "morrer, se preciso for; matar, nunca". Líder, idealista e responsável por promover a convivência pacífica entre os povos indígenas e os não índios, Rondon teve reconhecimento ainda em vida e foi indicado ao Prêmio Nobel da Paz, em 1957. Contestado por muitos, venerado por outros tantos, Rondon permaneceu no imaginário popular como um "desbravador dos sertões", "pacificador de índios" ou, mesmo, um "herói".

O fato é que sua presença no cenário público da primeira metade do século XX em muito influenciou as decisões tomadas pelo Estado brasileiro em relação às populações indígenas. A série, inclusive, discute aspectos positivos e negativos da atuação rondoniana frente ao SPI e de como foi sendo construído o mito que sobrepujou o homem. As imagens de aldeias indígenas, bem como de diferentes lugares por onde Rondon passou, dentro e fora do Brasil, ilustram a trajetória deste que é considerado o "explorador que penetrou mais profundamente em terras tropicais", responsável pela Comissão que no início do século passado instalou aproximadamente 4.000 km de linhas telegráficas e ramais.

Às obras televisivas aqui apresentadas podem se juntar outras tantas, transmitidas no formato documentário (a série *Xingu*, por exemplo, exibida pela extinta Rede Manchete e coordenada pelo jornalista Washington Novaes) ou em programas de variedades. Os telejornais, em geral, apresentam uma visão bastante negativa dos povos indígenas, referindo-se a eles como "invasores" e reportando apenas problemas tais como alcoolismo, prostituição, desnutrição e suicídios. É importante que os professores auxiliem os alunos na desconstrução dessas imagens, refletindo em sala de aula sobre os interesses que estão por trás da veiculação de determinados estereótipos, preconceitos e atitudes discriminatórias. Isso vale também para as representações contidas nas narrativas literárias.

Representações de índios na literatura

Na literatura infantojuvenil, escrita por autores índios e não índios, deve-se também dar semelhante atenção facultada ao cinema e à televisão. No que diz respeito às representações do índio, materiais que reproduzam conceitos genéricos e distorcidos da realidade devem ser evitados ou, quando utilizados, problematizados. A concepção de que os indígenas no Brasil são todos iguais, com os mesmos costumes, falantes de uma mesma língua, contribui para o fortalecimento dos inúmeros estereótipos que ainda estão presentes no pensamento e no discurso de muitas gentes não índias. E mais: também é preciso desmistificar a ideia arraigada no imaginário dos alunos, principalmente de crianças, de que livros são portadores de verdades absolutas e incontestáveis.

A seguir, são apresentados sete livros (dos quais quatro pertencem a um mesmo autor) que trazem narrativas com distintas concepções sobre a vida indígena. Escritos por autores indígenas, de etnias diferentes, destacam-se na produção de livros sobre a temática indígena, destinada ao público infantojuvenil. O que se pretende com esta seleção é que professores identifiquem nos livros a etnia, sua localização no Brasil, entre outras informações, além de lacunas e de aberturas para a inserção de novas informações pertinentes ao texto literário e aos conteúdos curriculares. Ao final da leitura, a ação pedagógica do professor pode propor dinâmicas e vivências que propiciem aos alunos olhar para o Outro, o diferente, e a olhar para si mesmos, percebendo diferenças e semelhanças existentes entre as culturas. As ilustrações, entrelaçadas aos textos escritos e, nesse sentido, incorporadas fortemente à narrativa, são meios de se verificar e analisar a construção das imagens sobre o índio.

Comecemos pela Coleção "Crônicas Indígenas", da Editora Caramelo, formada por quatro volumes, todos ilustrados por Inez Martins e escritos por Daniel Munduruku, doutor em Educação pela

Universidade de São Paulo e diretor-presidente do Instituto UKA – Casa dos Saberes Ancestrais. Os índios Munduruku, autodenominados *Wuy Juyu*, são falantes da língua munduruku, do tronco Tupi, e habitam terras localizadas nos estados do Amazonas, de Mato Grosso e do Pará. Atualmente, reivindicam a integridade de seus territórios, que vêm sendo invadidos e ameaçados pela presença ilegal de garimpos, projetos hidrelétricos e a construção de uma hidrovia no rio Tapajós.

Caçadores de aventuras (2006) tem como personagens principais as crianças Kaxi (o mais velho e líder do grupo), Karu, Bempô, Biô e Tonhõ que pretendem construir uma casa sobre uma árvore, às escondidas dos demais índios da aldeia. A aventura transcorre no meio da floresta e os pequenos estão tomados pelo medo da onça que parece ter rondado a aldeia naquele dia. Preocupados em buscar matéria-prima e construir a casa, as crianças não percebem que a noite havia chegado. Envoltos no medo dos "devoradores de alma", espíritos maléficos que perseguem pessoas até matá-las, estabelecem um momento de vigília para cada um. Aos primeiros raios de sol a colorir o céu, rumam de volta à aldeia, quando todos os esperam. Nesse momento, as crianças descobrem que haviam passado por uma prova de coragem e que o companheirismo os ajudou a enfrentar o medo, a escuridão e os perigos do dia a dia.

O sumiço da noite (2006) tem como figura central Karu Karu e narra a história do menino-guerreiro que foi incumbido pelo líder da aldeia de procurar a serpente surucucu, que havia roubado a noite. O menino deveria trazer a noite de volta à aldeia para que todos pudessem, finalmente, dormir. A missão traz muitos desafios a Karu Karu: vencer os perigosos caminhos da floresta, encontrar o esconderijo do grande chefe das serpentes e atender aos seus pedidos em troca da noite, que estava aprisionada em uma cabaça. Karu Karu, na primeira investida contra a serpente, ofereceu seu arco e flecha em troca da noite. Ao recusar, a surucucu lembrou que não poderia usar o arco e a flecha porque serpentes não têm braços para segurá-los. De volta à aldeia, o menino vai em busca de um presente que pudesse agradar à cobra. Um maracá foi-lhe entregue para ser trocado pela cabaça que guardava a noite.

Ao chegar ao esconderijo da surucucu, mostra o maracá e o som mágico que sai de dentro do instrumento. Novamente a serpente lhe diz que não tem braços e Karu Karu explica que o maracá pode ser amarrado na ponta da cauda. Ainda insatisfeita, pede ao menino que traga muito veneno para distribuir para todas as espécies de cobra. Ao voltar à aldeia, conta a todos o que era preciso fazer para trazer a noite de volta. Carregado de muitas cabaças com veneno, chega até a serpente e lhe entrega o pedido. Em troca, o menino recebe a cabaça, com uma recomendação: não poderia abri-la até chegar à aldeia, para que houvesse tempo de distribuir o veneno a todas as serpentes. O menino-guerreiro finalmente consegue recuperar a noite, mas, antes de chegar à aldeia, é cercado por animais que pegam a cabaça e a destampam, antes que a surucucu repartisse o veneno. Esse fato explicaria por que existem cobras venenosas e não venenosas.

O onça (2006) tem como personagens principais a onça e os irmãos Preguiçoso e Outro, envolvidos numa trama de cobiça e inveja, passada num tempo em que os homens ainda desconheciam o fogo. Preguiçoso, o irmão mais novo, armou uma emboscada para Outro, levando-o para o mato, com a desculpa de buscar mel, alimento preferido do irmão. Depois de caminhar um longo tempo pela floresta, finge mostrar uma colmeia na copa de uma enorme árvore. Com o auxílio de um cipó, Outro chega ao alto da árvore e vê que não há nenhuma colmeia. Preguiçoso puxa o cipó e o deixa preso, sem que possa descer. Preguiçoso volta vitorioso à aldeia e toma o lugar de Outro. Depois de três dias no topo da árvore, uma onça oferece ajuda, convencendo o menino de que não correria risco algum. A onça cuida do menino, dando-lhe abrigo e alimento. Outro conhece o fogo, utilizado pela onça para assar carnes, e por vários dias permanece na mata, sob os seus cuidados, sendo chamado de "primo". Os perigos da floresta e a saudade da família levam o menino de volta à aldeia. Dado por morto, o retorno de Outro é festejado e os usos do fogo, do arco e da flecha são ensinados a todos.

Um sonho que não parecia sonho (2007) descreve uma experiência de quatro crianças: Kaxi, Karu Karu, Darebu e Tonhõ. Ao resolverem brincar na floresta, escutam alguém chamar e mesmo não identificando a quem pertencia a voz, todos, com exceção de Darebu, seguem ao chamado. Atiram-se ao rio, seguindo a voz desconhecida e não voltam mais. Darebu corre em direção à aldeia para contar sobre o desaparecimento das crianças. Realidade e sonho mesclam-se na compreensão do menino, que tem dúvidas se realmente os amigos estão desaparecidos. Ao amanhecer, um barulho vindo do rio leva todos para fora da aldeia e, ao chegarem, avistam três guerreiros em uma canoa, junto aos meninos. Não se sabe mais se o sumiço das crianças havia acontecido ou se não passara de um sonho. A alegria era tamanha, que isso não tinha importância.

Indicados para crianças a partir de 7 anos, os quatro livros da coleção "Crônicas Indígenas" prendem a atenção do leitor. A grandeza de valores e sua significação para a convivência entre as pessoas são fortemente evidenciados nas narrativas. Entretanto, em nenhum momento, a coleção explicita a identidade étnica das personagens integrantes das histórias. Por ser o autor um indígena Munduruku, pode-se ter a impressão de que as narrativas pertençam a este povo, mas é um indicativo insuficiente para a identificação das personagens. Há que se destacar o primor das imagens, mas estas também não contribuem para sanar as dúvidas que pairam em relação às etnias. Objetos da cultura material presentes nas ilustrações, que também poderiam ser considerados como padrões identitários (por exemplo, indumentárias e adornos), indicam ser de povos que habitam a Terra Indígena Parque do Xingu.

O coco que guardava a noite (2012), da Editora Mundo Mirim, mostra o entendimento do povo Karajá sobre o surgimento do anoitecer. Escrito por Eliane Potiguara, uma indígena autodeclarada Potiguara, fundadora do Grumin – Grupo Mulher-Educação Indígena, escritora, poeta e professora que, no ano de 2005, foi indicada para o projeto internacional "Mil mulheres ao Prêmio Nobel da Paz". Em Genebra, atuou pela Declaração Universal dos Direitos Indígenas na ONU.

A história tem como personagens centrais os irmãos Tajira, Poti e sua mãe, que interagem entre si durante a contação da história que explica o surgimento da noite, na concepção Karajá. No interior da casa, entre artefatos indígenas que indicam ser elaborados por índios Karajá, a mãe, responsável pela condução da narrativa, descreve um tempo em que a luz do sol ocupava todo o espaço do céu e causava grande calor, pois não havia anoitecer. O mito indígena contado pela mãe de Tajira e Poti traz as personagens Aruanã, Tuilá, sua esposa e Boiuna, sua sogra. Juntos, envolvem-se no resgate e aprisionamento da noite, necessária ao bem-estar de todos os seres vivos.

Aruanã responsabiliza-se por libertar a noite, escondida no coco da palmeira tucumã, sempre vigiada pela serpente Boiuna, moradora do rio. Tuilá, em cooperação com Aruanã, usa o chocalho sagrado, dado pelo Jaraqui, para chamar a atenção da mãe e conhecer onde se esconde a noite. Preparado para obter o coco tucumã, Aruanã recebe avisos do jacaré-aurá, que indica onde estava a casa de Boiuna, do sapo Arutsã e do pássaro anuguaçu que, de posse do coco, somente poderia abri-lo na presença de Tuilá. Ao encontrar a fruta, derrete a cera de abelha que juntava as duas partes do coco e liberta a noite, esquecendo-se dos conselhos dados pelo anfíbio e pela ave. O anoitecer rapidamente toma conta do céu. Tuilá vai ao rio e com barro faz um pássaro que chama de Cajubi, cujo canto anuncia a separação do dia e da noite.

Em *O coco que guardava a noite* nota-se a preocupação tanto de Eliane Potiguara em nomear a etnia, quanto da ilustradora, Suryara Bernardi, ao desenhar artefatos correspondentes àqueles confeccionados pelos Karajá. Em especial, três aspectos merecem destaque: a mãe, Poti e Tajira usam as mesmas pinturas faciais que as personagens da trama, indicando serem da etnia Karajá. Dessa maneira, fica expresso que a mãe, a narradora do mistério da noite, usa dos recursos da oralidade para transmitir aos filhos conhecimentos ancestrais. Também pela linguagem visual, distinguem-se objetos confeccionados por índios (chocalho, banco, cuia, pote e peneira) e não índios (roupas, cabides e prendedor de rede).

No interior da casa, onde se dá a narrativa da história, a rede aparece nas ilustrações. Entretanto, não está inserida no conjunto de artefatos produzidos pelo povo Karajá, indicando ser um "empréstimo cultural", dentro da concepção de que culturas "puras", sem influências externas, não existem. Isso demonstra que a cultura Karajá, adaptativa e cumulativa, passa por mudanças, como as demais culturas. Por seu dinamismo, em todas as sociedades, determinados saberes caem em desuso, se transformam, se adicionam a outros. Também as relações entre homem, culturas e natureza são entendidas como inseparáveis, afastando-se de concepções dicotômicas. Ao término da história, a autora disponibiliza um breve texto sobre os Karajá, direcionado a pais e a educadores.

Irakisu: o menino criador (2002) integra a coleção "Memórias ancestrais", coordenada por Daniel Munduruku, e publicada pela Editora Peirópolis. Escrito por Renê Kithãulu, da etnia Nambikuara, habitante de terras indígenas localizadas a oeste de Mato Grosso, na fronteira do Brasil com a Bolívia, oferece um conjunto de histórias dos Nambikuara do Cerrado. Em 2015, o autor recebeu homenagem póstuma na abertura da Feira do Livro Indígena de Mato Grosso (FLI-MT). As ilustrações são do próprio autor e de crianças Nambikuara, e exaltam adornos e grafismos indígenas. As sete histórias escritas por Renê Kithãulu evocam memórias ancestrais: *Anua wenjausu*, a origem do povo; *Kanata wenjausu*, a origem da noite; *Alanta wenjausu*, a origem do dia; *Iraka yekayaira îyaujausu*, a origem da mancha da lua; *Yainta wãira îyaujausu*, a origem das plantas e da flauta sagrada; *Kayxua îyaujausu*, a origem dos animais; *Wayunitasu*, o ritual da menina-moça.

As histórias de Kithãulu explicam uma parte da constituição da cosmovisão do povo Nambikuara, isto é, da criação ou origem do universo, que contribuem para o entendimento da existência de diferentes concepções criadas pelos homens. Todas intercalam emocionantes episódios de sua história de vida com as memórias ancestrais, inclusive os rituais de iniciação à puberdade feminina e de transformação do menino Irakisu em plantas comestíveis e utilitárias. Sem dúvida, um importante instrumento que propicia o entendimento de que o ciclo da vida Nambikuara se enlaça aos "empréstimos culturais", isto é, de culturas exógenas, sejam de não indígenas e/ou de outros povos indígenas.

Puratig, o remo sagrado (2001), de autoria de Yaguarê Yamã, da etnia Sateré Mawé, ricamente ilustrado pelo autor e por crianças

Sateré Mawé e por Queila da Glória, também faz parte da coleção "Memórias ancestrais", da Peirópolis. Atualmente, os Sateré Mawé são conhecidos por terem domesticado o guaraná, fruto base da bebida denominada por eles "sakpó", que promove boa saúde e longevidade. Estes índios habitam terras localizadas em uma vasta região do médio rio Amazonas e nas sedes de diferentes municípios do Estado do Amazonas.

O livro de Yaguarê Yamã apresenta um conjunto de narrativas ancestrais – "Sobre a origem do mundo", "Waraná sa'awy: a origem do guaraná", "A origem dos Mawé", "Nosso grande amigo", "A origem dos clãs", "Puratig o remo sagrado" e "O fantasma da casa abandonada" – mescladas ao cotidiano atual dos Saterê Mawé. Narradas pelo pajé Karumbé e pelos homens mais velhos, as histórias, passadas de geração em geração, explicam a cosmovisão dos indígenas, sendo o "Puratig", o remo sagrado, uma arma de defesa. Os textos são enriquecidos com mapa, desenhos, dados sobre o autor e glossário de termos nas línguas Sateré Mawé e Nheengatu. O Nheengatu ou "língua boa" foi sistematizado pelos jesuítas e falado por povos habitantes do litoral brasileiro até o século XIX. Hoje em dia, ainda é falado por povos indígenas da Amazônia e mostram a rica diversidade linguística existente no Brasil, desconhecida por muitos e revelada pela literatura e pela música.

Conclusão

A utilização de obras cinematográficas, televisivas e literárias sobre a temática indígena, dependendo da sensibilidade dos professores que delas fizerem uso, pode se constituir em valioso recurso pedagógico para atrair a atenção, a curiosidade dos alunos e, consequentemente, motivá-los a refletir sobre suas visões antes e depois de conhecer as obras sugeridas. Evidentemente que não basta "passar" o filme ou indicar a leitura de uma obra, imaginando que isso vá resolver por si só a complexa tarefa de ensinar aos alunos a conhecerem, compreenderem, refletirem e valorizarem a presença indígena nas Américas, no passado e no presente. Contudo, é preciso que se tomem alguns cuidados quando da apresentação das linguagens que, se não forem problematizadas, podem se tornar "verdades incontestáveis" para crianças e jovens, alimentando ainda mais preconceitos, estereótipos e atitudes de discriminação.

As sugestões oferecidas são, em conjunto, um bom ponto de partida para que professores se instrumentalizem e conheçam como indígenas foram retratados em obras ficcionais e delas tirar grande proveito pedagógico. Para tanto, é necessário conhecer muito bem cada linguagem a ser apresentada, selecionando aquilo que pode ser mais interessante para o ensino de determinados conteúdos, procedimentos e atitudes. Os filmes, especialmente os de animação, trabalham com ideias romantizadas e estilizadas a respeito das populações indígenas, mas também trazem informações interessantes sobre homens e mulheres indígenas, mostrando seu *modus vivendi* em diferentes épocas e lugares.

Cremos que do ponto de vista pedagógico, em se tratando dos usos de diferentes linguagens em sala de aula, seja necessária a desnaturalização do olhar de alunos e professores, habituados muitas vezes a desconsiderar o diferente, tratando-o apenas como "exótico" ou "folclórico". Diversas estratégias na utilização de filmes, documentários, narrativas literárias e outros suportes poderão ser adotadas na busca desta desnaturalização, a começar pelo entendimento de que "ser índio" não significa ser "inferior" ou "atrasado". Os alunos, se bem estimulados por professores preparados para lidar com a diversidade étnica e cultural, poderão educar os olhares e as sensibilidades para perceberem detalhes, nuances e indícios na compreensão das histórias e das culturas indígenas em sala de aula.

O mais importante é tornar a literatura, a televisão e o cinema, entre outras linguagens, aliados do trabalho pedagógico, em vez de simplesmente tentar afastá-los das salas de aula e dos alunos ou, ainda, fazê-los obrigatórios.

A exibição das obras assinaladas e de materiais como os do "Projeto Vídeo nas Aldeias", produzidos por indígenas, pode despertar nos alunos o desejo por conhecer mais e melhor a temática, reconhecendo-se e reconhecendo diferentes maneiras de se viver e representar a vida.

As imagens, os sons e as narrativas literárias servem para distrair, encantar, mas bem podem instruir, provocar a reflexão e o debate, fazendo com que os alunos compartilhem opiniões e ideias fundamentadas nos princípios da "Cultura pela paz".

Referências

ARAUJO, Ana Carvalho Ziller (Org.). *Vídeo nas aldeias: 25 anos*. São Paulo: Vídeo nas Aldeias, 2011. 256 p.

BITTENCOURT, Circe Maria Fernandes; SILVA, Adriane Costa da. Perspectivas históricas da educação indígena no Brasil. In: PRADO, Maria Ligia Coelho; VIDAL, Diana Gonçalves (Orgs.). *À margem dos 500 anos: reflexões irreverentes*. São Paulo: Edusp, 2002. p. 63-81.

BRANDÃO, Cristina de Jesus Botelho. *A cena do dia do índio na TV*. Rio de Janeiro: Museu do Índio/Funai, 2010. 122 p. (Publicação avulsa do Museu do Índio, 4).

FUNARI, Pedro Paulo; PIÑON, Ana. *A temática indígena na escola: subsídios para professores*. São Paulo: Contexto, 2011. 124 p.

GRAÚNA, Graça. *Contrapontos da literatura indígena contemporânea no Brasil*. Belo Horizonte: Mazza, 2013. 196 p.

LOPES DA SILVA, Aracy (Org.). *A questão indígena na sala de aula: subsídios para professores de 1º e 2º graus*. São Paulo: Brasiliense, 1987. 253 p.

LOPES DA SILVA, Aracy. *Índios*. São Paulo: Ática, 1988. 40 p. (Ponto por ponto).

LUCIANO, Gersem dos Santos. *O índio brasileiro: o que você precisa saber sobre os povos indígenas no Brasil de hoje*. Brasília; Rio de Janeiro: MEC/SECAD/LACED/Museu Nacional, 2006. 233 p. (Educação Para Todos. Série Vias dos Saberes n. 1).

MONTERO, Paula (Org.). *Deus na aldeia: missionários, índios e mediação cultural*. São Paulo: Globo, 2006. 583 p.

MORETTIN, Eduardo; NAPOLITANO, Marcos; KORNIS, Mônica Almeida (Orgs.). *História e documentário*. Rio de Janeiro: FGV, 2012. 324 p.

NAPOLITANO, Marcos. *Como usar a televisão na sala de aula*. 7. ed. São Paulo: Contexto, 2007. 137 p. (Como usar na sala de aula)

NAPOLITANO, Marcos. *Como usar o cinema em sala de aula*. 4. ed. São Paulo: Contexto, 2010. 250 p. (Como usar na sala de aula).

RAMOS, Luciano. *Os melhores filmes novos: 290 filmes comentados e analisados.* São Paulo: Contexto, 2009. 366 p.

RICARDO, Fany (Coord.). *Povos indígenas no Brasil mirim.* São Paulo: Instituto Socioambiental, 2015. 127 p.

SECRETARIA MUNICIPAL DE CULTURA DE SÃO PAULO. *A imagem do índio na literatura infantil brasileira: bibliografia.* São Paulo: Seção de Bibliografia e Documentação da Biblioteca Infantojuvenil Monteiro Lobato/Departamento de Bibliotecas Infantojuvenis/Secretaria Municipal de Cultura, 1992. 47 p.

ZENUN, Katsue Hamada e; ADISSI, Valeria Maria Alves. *Ser índio hoje.* São Paulo: Loyola, 1998. 152 p.

Ficha técnica resumida dos filmes indicados

A educação de Pequena Árvore (*The Education Of Little Tree*, EUA, 1997, Paramount Pictures, colorido, 115 minutos). No elenco estão James Cromwell, Joseph Ashton e Tantoo Cardinal. O filme foi dirigido por Richard Friedenberg e conta com roteiro de Earl Hamner Jr., Don Sipes e do próprio diretor, a partir do romance homônimo de Forrest Carter.

A missão (*The Mission*, Reino Unido, 1986, Versátil Home Video, colorido, 126 minutos). No elenco estão, além de Robert de Niro, Jeremy Irons, Aidan Quinn e Liam Neeson. Dirigido pelo inglês Roland Joffé e musicado pelo italiano Ennio Morricone, recebeu a Palma de Ouro, em Cannes, e o Oscar de Melhor Fotografia (Chris Menges), entre outras importantes premiações do cinema.

Avaeté: semente da vingança (Brasil, 1985, Globo Vídeo, colorido, 110 minutos). Dirigido por Zelito Viana, com roteiro do próprio diretor e de José Joffily. No elenco, estão Hugo Carvana, José Dumont, Macsuara Kadiwéu, Cláudio Mamberti e Sérgio Mamberti.

Brava gente brasileira (Brasil, 2000, Winer Disk, colorido, 104 minutos). Dirigido por Lúcia Murat, no elenco do filme estão Diogo Infante (Diogo de Castro e Albuquerque), Floriano Peixoto (Capitão Pedro), Luciana Rigueira (Ánote), Leonardo Villar (Comandante), Buza Ferraz (Antônio), Murilo Grossi (Alfonso) e Sérgio Mamberti (padre), entre outros.

Brincando nos campos do Senhor (*At Play in the Fields of the Lord*, EUA/Brasil, 1991, Europa Filmes, colorido, 189 minutos). No elenco: John Lithgow, Tom Berenger, Daryl Hannah, Aidan Quinn, Tom Waits, Kathy Bates e os brasileiros Stênio Garcia, Nelson Xavier e José Dumont. A direção é de Hector Babenco, cineasta argentino naturalizado brasileiro.

Irmão Urso (*Brother Bear*, EUA, 2003, Buena Vista Sonopres, colorido, 83 minutos). Produzido pelos estúdios Walt Disney, é o 45º longa-metragem de animação do estúdio. Seus diretores são Aaron Blaise e Robert Walker e o roteiro foi elaborado por Tab Murphy, Steve Bencich, Lorne Cameron, Ron J. Friedman e David Hoselton, com base em argumento de Broose Johnson. A trilha sonora é de Mark Mancina e Phil Collins.

O caminho para El Dorado (*The Road to El Dorado*, EUA, 2000, Paramount Pictures, colorido, 89 minutos). Filme de animação e comédia produzido pelos estúdios DreamWorks e dirigido por Bibo Bergeron, Will Finn, Don Paul e David Silverman. A trilha sonora apresenta músicas de Elton John.

O pequeno grande homem (*Little Big Man*, EUA, 1970, Wonder, colorido, 139 minutos). Filme do gênero faroeste, dirigido por Arthur Penn, com roteiro de Calder Willingham, baseado em novela de Thomas Berger. No elenco estão Dustin Hoffman, Faye Dunaway e Martin Balsam, além de indígenas de diferentes etnias, entre eles Chefe Dan George, em um papel que lhe valeu indicações ao Oscar e ao Globo de Ouro de melhor ator coadjuvante.

O último dos Moicanos (*The Last of the Mohicans*, EUA, 1992, Warner Home Video, colorido, 117 minutos). Dirigido por Michael Mann e com roteiro baseado no livro homônimo de James Fenimore Cooper, o filme conta com o seguinte elenco: Daniel Day-Lewis (Hawkeye), Madeleine Stowe (Cora Munro), Russell Means (Chingachgook), Eric Scheweig (Uncas), Jodhi May (Alice Munro) e Wes Studi (Magua).

Pocahontas (*Pocahontas*, EUA, 1995, Buena Vista Sonopres, colorido, 81 minutos). Produzido pela Walt Disney Feature Animation, é o 33º filme de animação dos estúdios Disney, sendo a primeira animação do estúdio inspirada em um personagem real. *Pocahontas* foi dirigido por Mike Gabriel e Eric Goldberg, e dublado na versão original por Irene Bedard, Mel Gibson, Christian Bale e Linda Hunt.

Spirit: o corcel indomável (*Spirit: Stallion of the Cimarron*, EUA, 2002, Paramount Pictures, colorido, 83 minutos). Animação da DreamWorks, dirigida por Kelly Asbury e Lorna Cook.

Terra vermelha (Brasil/Itália, 2008, Paris Filmes/LK TEL, colorido, 105 minutos). Dirigido por Marcos Bechis, com roteiro do próprio diretor e de Luiz Bolognesi e Lara Fremder. No elenco estão: Claudio Santamaria (Roberto), Matheus Nachtergaele (Dimas), Chiara Caselli (Beatrice) e Leonardo Medeiros (Medeiros), entre outros.

Xingu (Brasil, 2011, Sony Pictures, colorido, 102 minutos). Dirigido por Cao Hamburger e roteirizado por ele, Elena Soárez e Anna Muylaert. Estrelado por

João Miguel (Claudio), Felipe Camargo (Orlando) e Caio Blat (Leonardo) que vivem os irmãos Villas-Bôas.

Yndio do Brasil (Brasil, 1995, Versátil Home Video, colorido, 70 minutos). Direção de Sylvio Back e narração do ator José Mayer.

Relação dos livros infantojuvenis consultados

KITHÃULU, Renê. *Irakisu: o menino criador*. São Paulo: Peirópolis, 2002. 48 p. (Coleção Memórias Indígenas: povo Nambikwara).

MUNDURUKU, Daniel. *Caçadores de aventuras*. São Paulo: Caramelo, 2006. 32 p. (Coleção Crônicas Indígenas).

MUNDURUKU, Daniel. *O onça*. São Paulo: Caramelo, 2006. 32 p. (Coleção Crônicas Indígenas).

MUNDURUKU, Daniel. *O sumiço da noite*. São Paulo: Caramelo, 2006. 32 p. (Coleção Crônicas Indígenas).

MUNDURUKU, Daniel. *Um sonho que não parecia sonho*. São Paulo: Caramelo, 2007. 32 p. (Coleção Crônicas Indígenas).

POTIGUARA, Eliane. *O coco que guardava a noite*. São Paulo: Mundo Mirim, 2012. 32 p. (Série Filosofia em Contos).

YAMÃ, Yaguarê. *Puratig: o remo sagrado*. São Paulo: Peirópolis, 2001. 48. p. (Coleção Memórias Ancestrais: povo Saterê Mawé).

E PARA (NÃO) ENCERRAR O ASSUNTO...

Ao longo das páginas deste livro oferecemos aos professores da Educação Básica informações atualizadas sobre histórias e culturas indígenas, para que o trabalho pedagógico em sala de aula junto a alunos dos anos finais do Ensino Fundamental possa ser realizado de maneira comprometida com a educação cidadã. Ainda há muitas dificuldades a serem vencidas para que a temática ganhe o espaço que merece nas escolas e na formação do cidadão brasileiro. Quando alunos e professores têm contato com os índios, por meio da televisão ou da internet, repetem-se à exaustão estereótipos de todo tipo, desqualificando as atuais populações indígenas, mostradas como um "estorvo" para o "progresso" da sociedade brasileira, quando não são referidas como "remanescentes" e, portanto, não "autênticas".

Projetos de desenvolvimento econômico lançados contra a vontade dos povos indígenas ameaçam a biodiversidade no Brasil contemporâneo. O caso da Usina de Belo Monte ilustra de maneira exemplar que há muito a ser feito até que os índios tenham voz e vez nos debates sobre o futuro dessas e de outras populações em território brasileiro. A usina hidrelétrica está sendo construída na bacia do rio Xingu, próximo ao município de Altamira, no norte do Estado do Pará. Enfrentando a oposição de ambientalistas, movimentos indígenas e indigenistas e de setores da Igreja Católica, o governo brasileiro tem se mantido surdo às reclamações e insiste em um projeto que começou a ser elaborado em 1975, durante a Ditadura Militar.

Há, portanto, muita violência praticada contra os povos indígenas no Brasil no início do século XXI. Assim, é necessário que estejamos todos engajados no movimento pela paz. Para isso, torna-se oportuna a construção conjunta de uma cultura escolar que viabilize a união de propósitos individuais e coletivos que visem ao bem-estar de cada brasileiro, indígena e não indígena, e do desenvolvimento humano no pleno gozo de direitos civis e políticos. Uma cultura de paz está associada ao comprometimento constante e sustenta-se com o esforço de todos. Nesse sentido, cada um de nós, seja qual for a idade, o sexo, o estrato social ou a religião, também é responsável pela criação e manutenção de um mundo pacificado.

A promoção da "Cultura de Paz", pensamento trilhado nas páginas deste livro, visa a associar a cultura escolar à vida em sociedade. Para além da tolerância, exige-se respeito pelas culturas e histórias indígenas, bem como o conhecimento das trajetórias temporais e espaciais dos povos que contribuíram e vêm contribuindo de maneira ímpar para a formação de quem fomos, de quem somos e de quem seremos.

Vejamos, agora, quatro eventos da história de nosso país que mostram que ainda estamos distantes dos ideais da "Cultura de Paz" e da forma como insistimos em ver e tratar a temática indígena. Ao longo de mais de cinco séculos, temos registros de que, infelizmente, o índio folclorizado, submetido às vontades e aos mandos de Outros, persiste como símbolo de conquista e dominação, quando deveria ser conhecido, compreendido e respeitado em suas formas peculiares de vida. Convidamos o leitor, nesta parte final do livro, a nos acompanhar, ainda que brevemente, por esses quatro eventos.

1º evento: no século XVI, da cidade de Rouen, porto às margens do rio Sena, na região da Normandia, noroeste da atual França, partiram embarcações em direção à América do Sul, especialmente ao Brasil, então colônia de Portugal. A cidade, um importante polo europeu de tecelagem, cobiçava na resina vermelha do pau-brasil a cor para tingir tecidos. Por não terem sido encontrados ouro e prata, a madeira vermelho-fogo consistia no principal interesse comercial dos primeiros colonizadores europeus na Pindorama (chamada de Ilha de Vera Cruz, Terra Nova, Terra dos Papagaios, Terra de Vera Cruz, Santa Cruz, Terra de Santa Cruz, Terra de Santa Cruz do Brasil, Terra do

Brasil e, depois, Brasil). O amarelo reluzente do ouro foi substituído pelo amarelo da flor do ibirapita, também chamado de muirapiranga, orabutã, brasileto, pau-brasil e de tantos outros nomes.

Ao cruzarem o "mar tenebroso", esquadras francesas levaram a madeira de cor vermelha, além de espécies da fauna e da flora não encontradas na Europa. Junto a animais e plantas, transportaram-se muitos indígenas. Expostos como espécimes vivos, para lá foram "vestidos de inocência" e jamais retornaram a Pindorama. Em 1º de outubro de 1550, Rouen ofereceu uma grande festa para Henrique II e Catarina de Médicis, reis da França. Na cidade, havia sido construída uma estalagem, "Ilha Brasil", palco cercado por paliçadas, tal qual o costume tupi, onde meia centena de índios reproduziu o cotidiano aldeão do litoral brasileiro. Adornados com plumas, a empunhar armas e instrumentos musicais, circulavam em meio a casas de palha, palmeiras, mamíferos e aves, especialmente papagaios falantes de francês. O cenário era a grande atração para a corte, uma tentativa criada por comerciantes de Rouen para convencer os reis a investirem ainda mais na pirataria dos trópicos.

2º evento: séculos depois, no início do XIX, no Rio de Janeiro, anteriormente região cobiçada pela França, chegaram grandes quantidades de artefatos indígenas oriundos de diversas partes do país: panelas de cerâmica, cestos-cargueiros, esteiras, redes de dormir, redes de pesca, flautas, chocalhos, buzinas, colares, brincos, cocares, arcos, flechas, bordunas, etc. A pedido da direção do Museu Nacional, criado por D. João VI em 1818, as valiosas peças precisavam comprovar a urgente necessidade de ampliação da Seção de Antropologia. A grandiosidade da produção indígena de outrora que chegava ao museu, anos mais tarde, encheria de admiração os olhos do imperador D. Pedro II para que este, então, cedesse aos apelos dos organizadores que pressionavam o Império do Brasil a financiar a construção de um novo museu, que fosse dedicado inteiramente a estudos e pesquisas da população ameríndia.

Em 29 de julho de 1882, queima de fogos e música de banda militar animavam a inauguração de uma grande exposição no Museu Nacional, a "Exposição Antropológica Brasileira". Comemorava-se, também, o aniversário da Princesa Isabel. Como na "Ilha Brasil", em Rouen, a festa foi dedicada especialmente à nobreza, e lá estavam Pedro II, a imperatriz Teresa Cristina, além da aniversariante. A grande atração era a presença de índios, "vestidos de inocência", a chamar a atenção do monarca, patrono e visitante número um do evento. Em carne e osso, eram os destaques nas salas do museu junto a artefatos e fósseis, estes exibidos como troféus de antigas "guerras justas".

Índios Coroados e Botocudos, à época temidos e adjetivados como "belicosos", "ferozes" e "invencíveis", eram os espécimes vivos da exposição. Foi inevitável o tumulto provocado pelos visitantes diante de vitrines que exibiam pessoas como em um zoológico. Naquele último sábado de julho, os índios foram retirados do local e, no mês seguinte, estavam novamente expostos, desta vez na Quinta de São Cristóvão, com apresentação de cantos e danças para um seleto grupo de estudiosos e cortesãos. Em setembro, ao fim do evento, os indígenas tiveram mais sorte do que os Tupi da "Ilha Brasil" de Rouen, pois puderam retornar às aldeias do rio Doce, em Minas Gerais.

3º evento: mais de um século depois da exposição no Rio de Janeiro, em 1997, Galdino Jesus dos Santos, da etnia Pataxó Hã-Hã-Hãe, do sul da Bahia, foi vítima de extrema crueldade, quando cinco jovens atearam fogo em seu corpo, enquanto dormia em uma parada de ônibus em Brasília. De passagem pela capital federal para participar das comemorações do "Dia do Índio" e de debates com autoridades públicas sobre a situação fundiária da terra indígena Caramuru/Paraguassu, o índio não resistiu aos ferimentos e morreu após dar entrada no hospital. Os criminosos alegaram que desconheciam a identidade indígena do homem, confundindo-o com um mendigo, como se isso pudesse justificar tal barbárie. Esculturas foram edificadas na Praça do Compromisso, próxima ao local do evento, que recebeu este nome em alusão ao crime contra o índio Galdino: uma estátua representa uma pessoa em chamas e a outra uma pomba, símbolo da paz.

4º evento: no último ano do século XX, em Porto Seguro, Bahia, para as comemorações dos 500 anos da chegada da esquadra de Cabral ao Brasil, em 22 de abril de 1500, o governo brasileiro programou uma grande festa, que contou com a presença de diversas autoridades, além do Presidente da República. Os ruídos das trovoadas davam sonoridade ao evento, enquanto índios chegavam "vestidos de inocência", esta não mais caracterizada pela nudez que tanto impressionara ao genovês Cristóvão Colombo e seus homens, mas pela simplicidade da indumentária – bermudas e chinelos de borracha –, associada a adornos plumários e a pinturas corporais de cores exuberantes. O então Ministério do Esporte e Turismo, receoso de que alguns indígenas comparecessem nus diante do Presidente, tal como Cabral encontrara os seus antepassados, providenciou a distribuição de sungas e maiôs "cor da pele", figurino oficial daquele momento.

Os índios esperados na festa de 22 de abril de 2000 pertenciam a diversas etnias. Também 3.000 não indígenas sem-terra se fizeram presentes, com o intuito de sensibilizar as autoridades republicanas para seus problemas e apoiar os índios. No momento em que centenas de pessoas marchavam em direção à Coroa Vermelha e Santa Cruz de Cabrália, ao se aproximarem das autoridades, foram impedidos por um forte esquema de segurança formado pela Polícia Militar da Bahia, composta por 5.000 homens que, fortemente armados, bloquearam a passagem dos manifestantes. Repelida de forma violenta pelos PM, a manifestação se dissolveu diante de balas de borracha e de fumaça de gás lacrimogêneo.

Com a aproximação dos policiais, os índios construíram uma paliçada, tal qual as dos antigos Tupi do litoral do Brasil, que as erguiam para se protegerem de inimigos. A paliçada edificada no asfalto, porém, não era feita de estacas de madeira, e sim de gentes Xavante, unidas para proteger os amigos não índios que apoiavam a manifestação. Um índio Terena avançou em direção aos militares, ajoelhou-se e abriu os braços em forma de cruz. Suplicou aos policiais que não matassem os demais índios e seus apelos foram recebidos com desprezo pelos enfurecidos homens fardados, que se dirigiram em marcha contra eles. Sem alternativas, o representante do povo Terena se deitou no asfalto e a tropa prosseguiu indiferente. O fato e a foto correram o Brasil e o mundo.

Naquele triste dia de comemoração dos 500 anos de "descobrimento" do Brasil, não se ouviram estrondos de queima de fogos de artifícios, mas somente o estampido de balas de borracha; não se viu a fumaça de explosivos coloridos, apenas a do gás lacrimogêneo, arma química que provoca choro. Caiu muita chuva sobre as cápsulas vazias e os chinelos espalhados pelo chão. A violência tomara conta do evento, mas não por parte dos indígenas que desejavam participar da festa que, pensavam, celebraria a paz entre índios e não índios, após 500 anos de diálogos fraturados, de imposições religiosas, de falta de comunicação, de mandos e desmandos sobre os territórios e as vidas indígenas.

Culturas da paz, culturas pela paz! Princípios que percorremos ao longo deste livro. A paz expressa o comprometimento de todos na prevenção e na resolução de conflitos. A paz, alicerçada no respeito, na solidariedade, nos direitos individuais e coletivos e na pluralidade cultural. A "Cultura de Paz", que inclui entre seus propósitos a construção da paz e da segurança mundiais, não pode ser apenas um esforço da ONU, por meio da Unesco, mas de todos nós que, juntos, devemos caminhar para a construção da liberdade, da justiça, do respeito, da igualdade e da solidariedade. O respeito à diversidade cultural por parte da sociedade brasileira é condição essencial para a sobrevivência e a cidadania dos povos indígenas, que representam um rico patrimônio sociocultural do país. Conhecer, preservar e respeitar as histórias e as culturas indígenas deve fazer parte da formação de todo cidadão brasileiro.

OUTROS LIVROS DA COLEÇÃO PRÁTICAS DOCENTES

CANÇÃO POPULAR BRASILEIRA E ENSINO DE HISTÓRIA: PALAVRAS, SONS E TANTOS SENTIDOS

MIRIAM HERMETO

Este livro oferece ao leitor o resultado de cerca de quinze anos de experiência com docência na educação básica, no ensino superior e em pesquisas sobre História, Ensino e Música. Destinado, em especial, à formação continuada de professores do ensino médio, a autora não apenas mostra como usar os diferentes gêneros da canção popular brasileira como fonte e objeto de pesquisa em sala de aula, como também apresenta uma abordagem inovadora sobre o circuito das comunicações no campo da música.

CONHECIMENTO E IMAGINAÇÃO: SOCIOLOGIA PARA O ENSINO MÉDIO

MARIA LIGIA DE OLIVEIRA BARBOSA, PATRICIA RIVERO, TANIA QUINTANEIRO

As novas oportunidades de trabalho oferecidas aos sociólogos, particularmente a docência no ensino médio, geraram também a busca por um conhecimento da ciência social mais aprofundado e organizado. Este livro oferece apoio teórico e pedagógico à prática sociológica, discutindo os conceitos fundamentais e as abordagens teóricas necessárias à compreensão dos temas mais importantes e propondo questões metodológicas e perspectivas de análise de dados e informações sociais. Ao mesmo tempo, apresentam-se formas práticas de aprender e ensinar a sociologia, permitindo olhares sobre a realidade social brasileira orientados por uma perspectiva científica: são sugeridas leituras auxiliares para cada tema, bem como filmes que possam enriquecer a visão sobre eles. Em suma, a partir da experiência das autoras, esta obra apresenta uma introdução sistemática à sociologia no ensino médio.

ENSINO (D)E HISTÓRIA INDÍGENA
LUISA TOMBINI WITTMANN

Direcionado aos professores do ensino médio, Ensino (d)e História Indígena disponibiliza estudos ancorados no que há de melhor e mais atual no campo das pesquisas acadêmicas sobre a temática indígena. O livro é um aliado para a implementação da Lei 11.645/08, que torna obrigatório o ensino de história e cultura indígenas nas escolas brasileiras. Os casos apresentados funcionam como roteiros capazes de enriquecer o trabalho das salas de aula, seja ele destinado a ministrar aulas expositivas, a orientar pesquisas ou mesmo a exercitar a prática do debate bem orientado.

Os capítulos deste livro nortearam-se por um mesmo ponto de partida: o contato entre indígenas e não indígenas. Por que escolher esta e não outra chave para as análises apresentadas? Em parte porque a história do contato é a realidade de praticamente todos os povos indígenas. Em parte, também, porque é hoje um dos principais eixos analíticos da Nova História Indígena. Onde, exatamente, reside a importância de tal campo? Em que medida ele pode realmente ser considerado novo? Quais as suas principais contribuições teórico-metodológicas? Leia Ensino (d) e História Indígena e terá respostas a essas perguntas.

ESTÉTICA FILOSÓFICA PARA O ENSINO MÉDIO
FERNANDO R. DE MORAES BARROS

Estética filosófica para o ensino médio é direcionado à formação continuada de docentes desse nível da educação básica. Contendo reflexões que abarcam a longa duração, brinda o leitor com questões cruciais para o entendimento do debate travado na Atenas socrática (470–399 a.C.), período áureo que marca o despertar da filosofia como "conhecimento de si", até o último século no Brasil. Mais que respostas prontas, definitivas, suas páginas são um convite ao aprender a historicizar o(s) conceito(s) de Belo e a duvidar da existência de um "padrão de gosto" universal e atemporal. Em um mundo cada vez mais dominado pelas linguagens visuais, sonoras e cênicas, as reflexões aqui contidas têm o mérito, dentre outros, de problematizar a complexa relação entre aparência e realidade. Comprometido com esse princípio, o autor nos ensina que à arte não cabe dissolver as diferenças, mas, antes, oferecer-nos um mínimo de determinação para que possamos enxergar e compreender o múltiplo, o desigual, as tensões, condições essenciais à construção de um mundo norteado pelo verbo "transformar".

FILOSOFIA COMO ESCLARECIMENTO
BRUNO GUIMARÃES, GUARACY ARAÚJO, OLÍMPIO PIMENTA

Cada época e cada sociedade têm suas próprias luzes e sombras, pois nem sempre é fácil distinguir as boas propostas das opiniões infundadas e as verdades dos preconceitos. Filosofia como esclarecimento é uma obra que acompanha o desenvolvimento da relação entre o exercício da razão e a conquista da liberdade, sem perder de vista os pensadores e suas motivações originais, contextualizadas na época em que viveram e atuaram. Apostando em um uso desimpedido do pensamento capaz de emancipar a humanidade de juízos arbitrários e incertos, os filósofos se engajaram ao longo dos tempos em um combate sem tréguas por um mundo mais aberto, mais livre e mais justo. No seu longo processo de amadurecimento, a filosofia assumiu a tarefa de refletir sobre o sentido histórico da racionalidade humana em seu esforço por compreender o mundo – e terminou por nos ajudar também a transformá-lo. Além de transmitir os conteúdos ligados aos temas referidos, com exemplos organizados em uma linha do tempo bem concebida, o livro pretende oferecer ao docente e a seu público um manual para lidar com o obscurantismo, criando condições para exercitar, na prática cotidiana, o poder libertador do pensamento crítico.

HISTÓRIA ORAL NA SALA DE AULA
RICARDO SANTHIAGO, VALÉRIA BARBOSA DE MAGALHÃES

A história oral é uma prática fascinante que permite a apreensão do mundo a partir das lembranças dos indivíduos. Como método de pesquisa, ela conduz a um conhecimento inovador e sempre dinâmico, questionando a visão do saber (histórico ou não) como algo pronto. Como recurso pedagógico interdisciplinar, ela permite desenvolver nos estudantes novas habilidades de leitura e escrita; estimular seu trabalho criativo e conectá-los às suas comunidades.

O livro História oral na sala de aula fornece aos professores do ensino médio – e também em outros níveis da escola básica – as ferramentas fundamentais para a utilização do método da história oral como recurso pedagógico. Com uma linguagem clara e acessível, este livro busca apresentar a educadores de diversos campos o potencial do método como ferramenta pedagógica, expondo suas diferentes etapas de pesquisa, além das questões teóricas e conceituais que o balizam.

PELE SILENCIOSA, PELE SONORA: A LITERATURA INDÍGENA EM DESTAQUE

JANICE CRISTINE THIÉL

Este livro, destinado à formação continuada dos professores do ensino médio, propõe caminhos de leitura de obras das literaturas indígenas brasileira e das Américas. Nele, o leitor adentrará o universo cultural indígena, conhecerá as especificidades de sua produção literária e descobrirá reflexões sobre as identidades indígenas construídas por índios e não índios ao longo de séculos. Além disso, encontrará atividades criadas para a inserção de obras indígenas na sala de aula. Ao valorizar novas dimensões de conhecimento e de inclusão social e cultural, esta obra contribui para a promoção do letramento literário, informacional e crítico de professores e alunos.

SOBRE A FELICIDADE

MARCOS FERREIRA DE PAULA

Você está feliz? Você é feliz? Essas duas perguntas, que fazemos em nossa vida cotidiana, não têm o mesmo sentido. Estar feliz, como o verbo "estar" indica, é um estado de espírito que pode desaparecer, e o feliz, tornar-se infeliz. Ser feliz, ao contrário, é uma maneira de existir duradoura. É a felicidade fugaz, "leve como a pluma", como cantou Vinicius de Moraes? Ou é o verdadeiro bem, um contentamento pleno e perene, como escreveu Espinosa?

Eis as questões trabalhadas neste livro ao percorrer os principais momentos da história da filosofia e as respostas que alguns de seus maiores filósofos deram a elas.

Conciso e preciso, numa linguagem acessível, entrecruzando os problemas sociais, políticos e éticos de nosso tempo e o trabalho do pensamento filosófico, Marcos Ferreira de Paula oferece aos professores e professoras de filosofia do ensino médio um instrumento precioso para sua atividade de iniciação dos jovens pelo caminho que lhes permitirá compreender suas próprias indagações, angústias e esperanças.

Este livro foi composto com tipografia Minion Pro e impresso em papel Off set 90 g/m² na Formato Artes Gráficas.